KB204213

그리스도인의 참된 행복의 비결 시리즈 01

자족 vs 불만족

자 족 v s 불 만 족

행복_의

시리즈 01

비결

J. C. 라일 | 윌리엄 에임스 | 토마스 보스톤 | 윌리엄 플루머
| 제러마이어 버로스 | 토마스 제이콤 | 조나단 에드워즈 | J. R. 밀러

TnD북스

1. 청교도의 사상과 정의

청교도는 어떤 사람들이었을까? 1662년 통일령에 의해 잉글랜드 교회에서 추방된 2,000명의 목회자들과 16-18세기 전반에 걸쳐 교회를 개혁하고 정화하며, 개혁주의 은혜의 교리를 따라 성도들이 경건한 삶을 살도록 이끌었던 북미 및 영국의 목회자들이 청교도이다.

청교도 사상은 세 가지 필요와 함께 자라났다. 첫째, 성경적 설교와 건전한 개혁주의 교리 교육의 필요. 둘째, 성령의 일하심을 강조하는 성경 중심의 인격적 경건이 있는 신자의 신앙과 삶의 필요. 셋째, 성례의식, 목회자 복장, 교회 정치를 성경적 순수함으로 회복할 필요. 청교도는 이를 통해 견고해진 교회가 하나님 말씀이 규정하는 대로 삼위일체의 하나님을 예배하도록 장려하며 발전했다(*The Genius of Puritanism*, 11ff).

청교도 사상은 교리적으로 일종의 강한 칼빈주의다. 체험적 측면에서, 따뜻하고 확산적이다. 복음 전도적 측면에서, 공격적이면서도 다정하다. 교회적으로, 하나님 중심, 예배 중심적이다. 정치적으로, 성경적이고 균형 있고 하나님 앞에서의 양심에 따르는 왕과 의회와 국민의 관계를 목표로 한다. 문화적으로, 수세기에 걸쳐 오늘날에 이르기까지 여러 세대에 지속적인 영향을 미치고 있다(Durston and Eales, eds., *The Culture of English Puritanism*, 1560-1700).

2. 청교도의 글이 우리에게 주는 유익

청교도들의 글은 이 시대의 우리에게도 여전히 영적인 유익을 주는데, 그 아홉 가지 이유는 다음과 같다.

1. 성경이 삶을 빚어가도록 돕는다

청교도는 성경을 사랑하고, 성경으로 살고, 숨 쉬었다. 그들은 하나님 말씀에 있는 성령의 능력을 깊이 맛보는 것을 즐거워하였다. 청교도의 모든 글의 중심에는 말씀이 있다. 90퍼센트 이상이 성경 강해로 넘치는 설교들을 다시 다듬은 것이다. 청교도 저자들은 삶과 경건을 위해 성경말씀이 충분함을 진정으로 믿었던 사람들이다.

청교도의 글을 꾸준히 읽으면, 당신도 그들처럼 성경 중심적 삶에 물들게 될 것이다. 성경의 가르침을 따라 전심으로 헌신하는 방법을 배우게 될 것이다. 존 플라벨의 말을 메아리치듯, 당신 역시 청교도처럼 생동하는 책을 믿는 자가 될 것이다. "성경은 삶을 사는 최고의 방법, 고난을 이기는 가장 고귀한 방법, 죽음을 맞이하는 가장 평안한 방법을 가르쳐 준다."

성경의 세계로 인도하고, 그 안에 거하게 하며, 당신의 삶을 오직 성경만으로 빚어가게 하는 그런 책을 읽고 싶은가? 청교도의 글을 읽으라. 솔리 데오 글로리아 미니스트리의 "청교도 강단 시리즈"(*The Puritan Pulpit*)를 읽으라. 그리고 모든 관련 성경구절을 찾아 공부하며 이해의 지경을 넓혀 나가라.

2. 교리를 일상의 삶에 적용하는 방법을 보여 준다

첫째, 청교도는 우리의 지성을 향해 이야기한다. 개혁주의 전통에 따라 청교도는 지성과 감성을 서로 대립시키는 것을 거부하고, 지성을 신앙의 궁궐로 여겼다. 존 프레스톤은 "회심은 이성을 승격시킨다"라고 했다.

지성 없는 기독교는 줏대 없는 기독교를 낳을 뿐이라는 것을 청교도들은 알았다. 반지성적인 복음은 순식간에 공허해지고, '느낀 욕구'(felt needs, 주관적 욕구의 일종)에서 좀처럼 벗어나지 못하는 무형태의 복음이 되어버린다. 오늘날 많은 교회에서 벌어지고 있는 현상이다. 청교도의 글은 우리가 머리로 믿는 것과 그 믿는 것이 우리 삶에 어떻게 영향을 미치는지에 대한 필연적 관계를 이해하는 것에 큰 도움이 된다. 특히 조나단 에드워즈의 『기독교 중심』(*Justification by Faith Alone*)과 윌리엄 라이퍼드의 『가르침을 입은 그리스도인』(*The Instructed Christian*)을 읽으면 유익할 것이다.

둘째, 청교도의 글은 당신의 양심과 직면한다. 청교도는 무한하신 하나님을 적대하는 우리 죄의 극악한 본성을 일깨워주는 데에 달인들이다. 구체적인 죄의 실상을 드러내고, 그 죄의 심각함을 깨닫도록 질문하는 것에 탁월하다. 한 청교도 저자는 이렇게 기록한다. "우리는 신성한 진리의 막대기를 들고, 죄인이 숨어 있는 덤불마다 하나하나 찾아가 두들겨 패야 한다. 숨어 있던 아담이 그랬던 것처럼 그 죄인이 하나님 앞에 벌거벗은 채로 서게 될 때까지 말이다."

경건을 위한 독서는 위로가 되는 동시에 또한 도전을 주어야 한다. 매일매일 양심을 자극해서 그리스도를 향하도록 인도하지 않는다면, 우리는 미미하게 성장할 것이다. 우리는 위기에 직면할 때마다 덤불로 직행하기가 일쑤이기 때문에, 살아계신 하나님 앞에 벌거벗은 것같이 "우리의 결산을 받으실 분의 눈앞에"(히 4:13) 나아가도록 하는 도움이 날마다 필요하다. 청교도 저자들은 이러한 역할에 탁월하다. 죄가 무엇인지 정확히 배우고, 고난보다 죄가 어떻게 더 심각한지를 경험하고 싶다면, 제러마이어 버로스의 『악 중의 악』(The Evil of Evils)

과 토마스 쉐파드의 『진실한 회심과 견고한 신자』(*The Sincere Convert and the Sound Believer*)를 읽으라.

셋째, 청교도 저자들은 당신의 가슴을 사로잡는다. 그들은 지성을 단단한 성경적 진리로 먹이는 데 뛰어나고, 감성을 애정 어린 따뜻함으로 움직이는 데 탁월하다. 그들은 하나님의 말씀을 사랑하고, 하나님의 영광을 사랑하고, 독자들의 영혼을 사랑하는 마음으로 글을 썼다.

기독교의 객관적 진리와 주관적 체험이 아름답게 균형 잡힌 책, J. I. 패커의 말대로 "냉철한 열정과 따뜻한 가슴의 긍휼함"을 겸비한 책(Ryken, *Worldly Saints*, x), 당신의 지성에 영향을 미치고 양심과 직면하며 가슴을 사로잡는 책을 읽고 싶다면 청교도의 글을 읽으라. 특별히 빈센트 알솝의 『실천적 경건』(*Practical Godliness*)을 읽으라.

3. 그리스도를 높이고 그분의 아름다움을 보는 방법을 보여 준다

청교도 토마스 아담스는 이렇게 기록한다. "그리스도는 성경 전체의 총합이시다. 그리스도는 성경의 각 페이지와 거의 모든 구절에서 예언되고, 모형되고, 예표되고, 드러나고, 입증되는 말씀의 실재이시다. 말하자면 성경은 아기 예수님을 싸고 있던 강보와 같은 것이다." 마찬가지로 청교도 아이작 암브로스는 이렇게 기록한다. "그리스도를 성경 전체의 바로 그 실체, 골수, 영혼, 총체로 여기라."

청교도는 그리스도를 사랑했고, 그분의 아름다움으로 인해 크게 기뻐했다. 사무엘 루터포드는 이렇게 기록한다. "에덴동산과도 같은 낙원 일만 개가 가진 아름다움을 한 곳에 모아둔다고 하자. 모든 나무와 모든 꽃과 모든 향기와 모든 색조와 모든 풍미와 모든 기쁨과 모든 사랑스러움과 모든 감미로움을 그곳에 모아둔다고 하자. 아, 얼마나 곱고 훌륭하겠는가? 그러나 제아무리 곱고 훌륭하다 할지라도, 가장 아름답고 존귀하시며 사랑받으시기에 합당한 그리스도에 비하는 것은, 빗방울 하나를 일만 개의 지구의 모든 대양과 강과 호수들과 원천들에 비하는 것만큼도 못 될 것이다."

그리스도를 더 잘 알고 그분을 더 온전히 사랑하고 싶다면 청교도 문헌에 흠뻑 젖어보라. 로버트 아스티의 『주 예수를 기뻐함』(Rejoicing in the Lord Jesus)을 읽으라.

4. 삼위일체 신학을 가르쳐 준다

청교도는 삼위일체 하나님의 무한한 영광을 깊이 의식하는 것을 삶의 원동력으로 삼았던 사람들이다. 소요리문답의 첫 번째 질문에 대해 사람의 제일 되는 목적은 하나님을 영화롭게 하는 것이라고 답할 때, 그들은 삼위일체 하나님, 곧 성부, 성자, 성령 하나님을 말하였다. 청교도는 존 칼빈이 이해한 삼위일체 하나님에 대한 영광스러운 지식을 받아들였고, 삼위일체 하나님이 신자들을 선택, 구원, 성화시키는 사랑과 은혜로 어떻게 나타나 역사하시는지를 보여 주었다. 존 오웬은 아버지 되신 하나님, 구세주 되신 예수님, 보혜사 되신 성령님과 신자의 교제에 대한 내용으로 책 한 권을 모두 할애하였다. 청교도는, 그리스도인의 영적 체험에 중대한 관심을 기울이면서 동시에 하나님 중심 사상에 머무를 수 있는 방법을 가르쳐 준다. 그래서 우리가 체험 자체를 숭배하는 함정에 빠지지 않도록 돕는다.

삼위일체의 각 위격을 잘 이해하고 싶다면, 그래서 사무엘 루터포드의 고백처럼 "삼위일체 중 어느 위격을 내가 가장 사랑하는지 모른다. 하지만 나는 세 분 하나님을 각각 모두 사랑하고, 그 세 분 모두 나에게 필요한 분이시라는 것을 안다"라고 고백하고 싶다면, 존 오웬의 『하나님과의 교제』(*Communion with God*)와 조나단 에드워즈의 『삼위일체론』(*The Trinity*)을 읽으라.

5. 성도가 고난을 감당하는 방법을 보여 준다

청교도 사상은 하나님의 진리의 말씀과 그 원수들 사이의 대단한 고투로부터 발전하여 자라났다. 오늘날에도 그렇듯이 개혁주의 기독교는 청교도 시대의 영국에서도 공격을 받았다. 청교도는 그 투쟁에서 지대한 고난들을 견디어 내고 엄청난 고생을 겪은 훌륭한 군사들이다. 그들 삶의 모범과 기록한 글들은 우리로 우리의 전투를 위해 준비되도록 무장시켜 준다. 또한 고난 가운데 언제라도 우리를 격려해 준다. 청교도는, 우리가 겸손해지기 위해(신 8:2), 죄가 무엇인지 배우기 위해(습 1:12), 고난이 어떻게 우리를 하나님께로 나아가게 하는지 알기 위해(호 5:15), 우리에게 고통이 필요하다는 것을 가르쳐 준다. 로버트 레이턴이 기록한 대로 "고통은 천국이 그곳에 속한 보석들을 연마하는 데 사용하는 다이아몬드 분말이다." 청교도는, 하나님이 주시는 고통의 회초리가 우리에게 그리스도의 이미지를 더 온전하게 새기기 위한, 그래서 우리가 그분의 의로우심과 거룩하심에 참여하게 하기 위한 수단인 것을 보여 준다(히 12:10-11).

어떻게 고난을 감당하는 것이 진정으로 그리스도를 높이는

길인지 배우고 싶다면, 토마스 보스톤의 『내 몫에 태인 십자
가』(*The Crook in the Lot*)를 읽으라.

6. 진정한 영성을 설명해 준다

청교도는 율법의 영성, 내재하는 죄와의 영적 전쟁, 어린아
이같이 하나님을 경외하는 것, 놀라운 은혜, 묵상하는 방법,
지옥의 끔찍함, 천국의 영화로움을 강조한다. 그리스도인으로
서의 깊은 삶을 영위하고 싶다면, 올리버 헤이우드의 『마음의
보물』(*Heart Treasure*)을 읽으라. 청교도의 글을 열심히 읽고, 그
들처럼 살기를 기도하라. 그리고 이렇게 질문하라. "나는, 청
교도처럼 삼위일체의 하나님을 영화롭게 하기를 갈망하는가?
나는, 성경적 진리와 성경적 열의에 의해 행동하는가? 나는,

회심과 그리스도의 의로 옷 입는 것이 우리의 근본적 필요라고 하는 그들의 견해에 동의하는가? 나도, 그들이 그리스도를 따른 것처럼 따르고 있는가?"

7. 온전한 믿음으로 사는 방법을 알려 준다

청교도는 그들 글의 모든 주제에 걸쳐 실천적 "쓰임새"(그들의 표현에 의하면)를 적용한다. 이러한 "쓰임새"는 그리스도의 왕국을 위해 당신이 열정적이고 효과적인 행동을 취하도록 할 것이다. 청교도의 일상 생활 자체가 기독교의 진리와 언약의 비전을 통합한 모습이었다. 그들은 성스러운 것과 세속적인 것 사이의 이분법을 인정하지 않았다. 청교도의 글은 당신이 모든 분야에서 하나님께 중심을 두는 삶을 살고, 하나님이 주신 은사들을 감사하고, 모든 것을 "여호와께 성결"이라 선포하는 데에 헤아릴 수 없는 도움이 될 것이다.

청교도는 뛰어난 언약신학자들이었다. 그들은 언약신학에 따라 살았다. 자신과 가족, 교회, 조국을 하나님께 언약의 서약으로 드리며 살았다. 하지만 은혜언약으로 개인의 회심을 대신하는 하이퍼-언약주의의 오류에 빠지지는 않았다. 청교도는 종합적 세계관, 총체적 기독교 철학, 곧 복음 전체가 삶의 모든 영역에 영향을 미쳐서 모든 행동이 그리스도를 따르도록 노력하는, 그래서 모든 신자가 성숙하여 믿음이 자라도록 하는 총체적 접근법을 장려했다. 청교도는 어떻게 기도할 것인가, 어떻게 해야 진정으로 경건해지는가, 어떻게 가족 예배를 드려야 하는가, 어떻게 그리스도를 위해 자녀를 양육할 것인가 등의 실천적 주제에 대해 글을 썼다. 다시 말해서 청교도는 "이성적이고 확고하며 열정적이고, 강박적이지 않으면서 성실하고, 율법주의에 빠지지 않으면서 준법적이고, 수치스럽게 방종의 길로 휘청거리지 않으면서 그리스도인의 자유를 보여 주는 경건함"을 어떻게 갖출 수 있는가에 대해 가르쳤다(ibid., xii).

기독교를 삶에 실천하며 활력 있는 경건함으로 자라고 싶다면, 『기도의 영성』, 리처드 스틸의 『의인의 성품』(*The Character of an Upright Man*), 조지 해먼드의 『가족 예배 옹호론』(*Case for Family Worship*), 코튼 매더의 『고심하는 부모를 위한 도움』(*Help for Distressed Parents*), 아서 힐더삼의 『우리 자녀들의 죄를 다루는 법』(*Dealing with Sin in Our Children*)을 읽으라.

8. 설교의 중요성과 으뜸됨을 가르쳐 준다

청교도에게 설교는 공예배의 절정이었다. 그들은 설교가 반드시 강해적이며 교훈적이고, 복음 선포적이며 죄를 깨닫게 하고, 체험적이며 실천적이고, 강력하며 성령님의 주권적 행하심을 알기에 "단순한" 형식을 갖추어야 한다고 말했다.

이 시대의 복음주의자들이 설교 강단을 회복하고 사역의 숭고함을 되찾도록 돕고 싶다면, 청교도의 설교를 읽으라. 윌리엄 퍼킨스의 『설교의 기술』(*The Art of Prophesying*)과 리처드 백스터의 『참 목자상』(*The Reformed Pastor*)을 읽으라.

9. 이 땅에서 천국을 소망하며 사는 방법을 보여 준다

청교도는 우리가 이 땅에서 순례하는 동안 천국을 내내 "눈에 담고 있어야" 한다고 가르쳤다. 그들은 "영광의 소망"을 마음에 두고 그 소망이 이 땅에서의 우리 삶을 인도하고 빚어가도록 가르치는 신약성경의 말씀들을 진지하게 받아들였다. 죽음을 준비하는 것이 삶을 진정으로 배우는 첫걸음이라고 가르쳤고, 이러한 삶을 "천국을 준비하는 체육관과 의상실"로 여겼다(Packer, *Quest*, 13).

장차 다가올 더 나은 세상에 비추어 이 세상을 살고 싶다면, 청교도를 읽으라. 리처드 백스터의 『성도의 영원한 안식』(*The Saint's Everlasting Life*)과 리처드 얼라인의 『열린 천국』(*Heaven Opened*)을 읽으라.

CONTENTS

자족하라

J. C. 라일 (1816-1900)

CONTENTMENT: A RARE GRACE

"돈을 사랑하지 말고 있는 바를 족한 줄로 알라 그가 친히 말씀하시기를 내가 결코 너희를 버리지 아니하고 너희를 떠나지 아니하리라 하셨느니라"(히 13:5).

이 글의 제목처럼 "자족하라"는 말을 우리는 다른 사람들에게 큰 어려움 없이 한다. 돈이 드는 일도 아니고, 좋은 조언만큼이나 비용이 적게 드는 것도 없기 때문이다. 누구나 '나는 이웃에게 좋은 충고를 할 수 있고, 그가 정확히 무엇을 하면 되는지 가르쳐 줄 수 있어'라고 생각한다.

말과 생각은 쉽지만 '자족'을 실행하기란 매우 힘들다. 건강하고 번창하는 중에 자족에 대해 이야기하기란 아주 쉽다. 하지만 빈곤, 질병, 고통, 실망, 실연을 당하는 가운데 자족하는 것은 매우 소수만이 얻을 수 있는 마음의 상태이다!

자족이라는 의무

히브리서 기자는 히브리인들에게 말하기를, "그가 친히 말씀하시기를 내가 결코 너희를 버리지 아니하고 너희를 떠나지 아니하리라 하셨느니라"(히 13:5)고 한다.

삼위일체 하나님의 성부, 성자, 성령 중에 어떤 위격이 이 말씀을 하셨는지를 이해하는 것은 그리 중요한 문제가 아니다. 누가 하셨든 결과는 모두 동일하다. 삼위 하나님께서 함께 은혜언약으로 사람을 구원하는 일을 하시고, 삼위의 모든 위격이 "내가 결코 너희를 버리지 아니하고 너희를 떠나지 아니하리라"고 하신다.

이 신비한 약속은 세심한 주의를 기울일 만큼 대단히 다정하다. 하나님은 모든 남자와 여자, 곧 누구든지 그의 영혼을 그리스도 안에 있는 자비에 의탁하고자 하는 사람에게 "내가 결코 너희를 버리지 아니하고 너희를 떠나지 아니하리라"고 하신다. "나, 곧 영존하는 아버지, 전능한 하나님, 만왕의 왕이 결코 너희를 버리지 아니하고 너희를 떠나지 아니하리라." 영어는 헬라어의 본 의미를 충분히 전달하지 못한다. 본래 언어가 내포하는 뜻은 "절대로, 아니 절대로, 아니 결단코 단 한 번도 너를 떠나지 아니하리라"이다!

내가 이 세상에 대해 아는 것이 있다면, 그것은 서로 "떠나고, 버리고, 갈라서고, 헤어지고, 실패하고, 실망시키는" 세상이라는 것이다. 이러한 세상 중에서 나를 절대로 떠나거나 저버리지 않는 존재를 찾는다면 실로 얼마나 어마어마한 평안일지 생각해 보자.

이 땅의 '좋은 것들'은 우리를 떠난다. 건강, 돈, 재산, 우정, 모두 날개를 달고 날아가 버린다. 오늘 있다가도 내일은 없어진다. 그러나 하나님께서는 말씀하신다. "내가 결코 너희를 버리지 아니하고 너희를 떠나지 아니하리라."

우리는 서로를 떠난다. 애정 어리고 다정한 가정에서 자라나지만, 그러고는 때가 되면 흩어진다. 자기 소명이나 직업을 따라 각자의 길로 간다. 북쪽으로 남쪽으로 동쪽으로 서쪽으로 가다가 더 이상 만나지 못하게 되기도 한다. 가장 친한 친구들과 친척들을 겨우 어쩌다가 만나고서도 또 갈라져서 각자의 길로 간다. 그러나 하나님께서는 말씀하신다. "내가 결코 너희를 버리지 아니하고 너희를 떠나지 아니하리라."

사랑하는 이들도 우리를 남겨 두고 떠나간다. 죽고 쇠약해

지며 해마다 내가 사랑하는 이들의 수가 점점 줄어든다. 꽃과 같이 더 아름다울수록 더 부서지기 쉽고 연약하며 단명한다. 그러나 하나님이 말씀하신다. "내가 결코 너희를 버리지 아니하고 너희를 떠나지 아니하리라."

헤어짐은 모든 곳에서 일반법칙이다. 그러나 그리스도와 그의 백성들의 관계에서는 예외다. 우리 인생은 걸핏하면 죽음과 실패 투성이다. 그러나 하나님의 사랑과 신자들 사이에 헤어짐이란 존재하지 않는다.

세상에서 가장 친밀한 관계인 부부 관계에도 끝이 있다. 결혼은 오직 "죽음이 우리를 갈라놓을 때까지"일 뿐이다. 그러나 그리스도와 그분을 신뢰하는 죄인의 관계는 결단코 끝나지 않는다. 육신이 죽어도 영원하다. 육체와 마음이 쇠약해져도 영원하다(시 73:26). 한 번 시작되면 절대로 시들지 않는다. 무덤은 그 관계를 오직 더 밝고 강력하게 만들뿐이다. 사도 바울은 이렇게 말했다. "내가 확신하노니 사망이나 생명이나 천사들이나 권세자들이나 현재 일이나 장래 일이나 능력이나 높음이나 깊음이나 다른 어떤 피조물이라도 우리를 우리 주

그리스도 예수 안에 있는 하나님의 사랑에서 끊을 수 없으리라!"(롬 8:38-39)

그러나 이것이 전부가 아니다. "내가 결코 너희를 버리지 아니하고 너희를 떠나지 아니하리라"는 말씀에는 깊고 오묘한 지혜가 있다. 하나님이 "나의 백성에게는 언제나 기분 좋은 일만 있을 것이다. 그들은 항상 푸른 풀밭에서 먹고 환난이 없을 것이다. 아니면 아주 짧고 드물게만 환난이 있을 것이다"라고 하시지 않은 것을 보라. 하나님은 그렇게 말씀하시지도 않고, 그런 운명을 정해 놓으시지도 않았다. 그와 반대로 하나님은 자기 백성에게 고통과 징벌을 보내신다. 그들을 고난으로 시험하신다. 그들을 슬픔으로 정결케 하신다. 그들의 믿음을 실망으로 단련하신다. 그러나 이 모든 것 중에도 그분은 약속하신다. "내가 결코 너희를 버리지 아니하고 너희를 떠나지 아니하리라."

모든 신자는 이 말씀을 헤아리고 마음에 고이 간직해야 한다. 이 말씀을 고대하고 항상 생생하게 기억에 담아 두자. 언젠가 이 말씀의 기억이 생생하게 필요한 날이 올 것이다. 블레

셋 사람들이 당신에게 들이닥칠 것이다(삿 16:20). 질병의 손길이 당신을 쇠약하게 만들 것이다. 공포의 제왕인 죽음이 다가올 것이다. 당신의 눈앞에 사망의 음침한 골짜기가 펼쳐질 것이다(시 23:4). 그리고 이 말씀보다 더한 위안이 없는 순간이 닥칠 것이다. 하나님께서 나와 동행하심을 깨달음보다 나에게 더한 힘을 주는 것은 없다.

"결코"라는 말을 붙잡자. 우리에게 이루 말할 수 없이 귀중한 단어이다. 물에 빠진 사람이 밧줄에 매달리듯 그 말을 붙잡으라. 공격에 둘러싸인 병사가 칼을 부여잡듯이 굳세게 움켜잡자. "내가 결코 너희를 떠나지 아니하리라"고 말씀하신 하나님이 이를 지키실 것이다!

나의 마음이 곧잘 비겁해지고, 많은 실패와 병약함이 나를 지긋지긋하게 할 그때에도 "결코!" 그 약속을 지키신다.

마귀가 "너는 드디어 내 것이 될 것이다! 조금만 있으면 네 믿음은 사라질 것이고 너는 내 것이 된다!"라고 속삭이는 그때에도 "결코!" 하나님은 그분의 말씀을 지키실 것이다.

곤경의 파도가 나의 머리를 뒤덮고, 모든 희망을 빼앗긴 것

같은 그때에도 "결코!" 하나님의 말씀은 변치 않는다.

죽음의 한기가 나를 엄습하고, 친구들이 더 이상 나를 위해 아무것도 해 줄 수 없으며, 다시는 되돌아갈 수 없는 여정에 오르게 되었을 그때에도 "결코!" 그리스도는 나를 버리지 않으실 것이다.

심판의 날에 책들이 열리고 죽은 자들이 무덤에서 일어나며 '영원'이 시작할 그때에도 "결단코!" 그분의 약속은 나의 짐을 지실 것이다. 그리스도는 나의 영혼으로부터 그분의 손을 놓지 않으실 것이다.

오, 주님을 믿는 독자여, 주님을 영원히 신뢰하라. 그분이 "내가 결코 너희를 떠나지 아니하리라"고 말씀하셨다. 모든 짐을 그분께 맡기어 기대라. 두려워하지 말라. 그분의 약속을 대단히 기뻐하라. 나에게 있는 강건한 위로를 기뻐하라. "주는 나를 돕는 이시니 내가 무서워하지 아니하겠노라"(히 13:6)라고 담대히 고백하라.

당신에게 주는 세 가지 실용적인 충고가 있으니, 잘 숙고하여 마음에 간직하길 바란다.

첫째, 자족이 이 세상에서 극히 드문 이유가 있다. 간단하게 대답해서, 은혜와 진정한 경건함이 이 세상에 극히 드물기 때문이다. 극히 소수만이 자신의 죄를 알고, 극히 소수만이 자신이 버림받아 마땅한 것을 체감하고, 극히 소수만이 자신이 가진 것들에 자족한다. 겸손, 자기 이해, 자신의 비열함과 부패함을 철저하게 직시하는 것, 이것이 자족의 진정한 뿌리이다.

둘째, 자족하려면 해야 할 것이 있다. 당신은 자신의 깊은 내면을 알아야 한다. 하나님을 당신의 분깃으로 구하고, 그리스도를 당신의 구세주로 삼고, 하나님의 말씀을 당신의 일용할 양식으로 삼아야 한다.

자족은 가말리엘(행 5:34)의 발아래에서 배울 것이 아니라, 예수님의 발아래에서 배우는 것이다. 하나님을 친구로 삼고 천국을 보금자리로 가진 자는 좋은 것들을 기다릴 줄 안다. 그리고 이 땅에서 적은 것으로도 자족할 줄 안다.

셋째, 우리가 결코 자족해서는 안 될 것이 있다. 적은 경건, 적은 믿음, 적은 소망, 적은 은혜이다. 결코 이런 것들이 적은 것에 만족하며 머무르지 말도록 하자. 그 반대로 이런 것들은 더더욱 추구하도록 하자.

알렉산더 대왕은 그리스 철학자인 디오게네스를 찾아가서 그가 갖고 싶은 것이 무엇이든 다 주겠다고 하였다. 그리고 이런 짧은 답을 들었다. "당신이 나와 태양 사이에 가로막고 서 있는 것을 빼고는 아무것도 없습니다." 이 대답의 정신이 우리의 경건함에 넘치게 하자. 우리가 절대로 만족하고 자족해서는 안 되는 것이 단 한 가지가 있는 데, 그것은 바로 "우리 영혼과 그리스도 사이에 가로막고 서 있는 것"이다.

"내가 궁핍하므로 말하는 것이 아니니라 어떠한 형편에든지 나는 자족하기를 배웠노니 나는 비천에 처할 줄도 알고 풍부에 처할 줄도 알아 모든 일 곧 배부름과 배고픔과 풍부와 궁핍에도 처할 줄 아는 일체의 비결을 배웠노라 내게 능력 주시는 자 안에서 내가 모든 것을 할 수 있느니라"(빌 4:11-13).

하나님 안에 감추어진 생명, 자족의 비결

J. R. 밀러 (1840-1912)

CONTENTMENT FROM THE HIDDEN LIFE

"내게,

온 세상이 제대로 돌아가게 할 책임이 아니라

다만 하나님께서 정하신 일들을

발견하고 해나가는 즐거움뿐이라는 것에

나는 기쁘다."

누군가 이렇게 말한 적이 있다. "만약 사람이 그리스도를 향한 믿음 대신에 자족함으로 구원을 받는다면 대부분이 구원받지 못할 것이다." 그럼에도 자족은 의무이며, 또한 가능한 것이다. 다음과 같이 말한 사람이 적어도 한 명은 있다. 그는 매우 정직하게 말한다. "어떠한 형편에든지 나는 자족하기를 배웠노니"(빌 4:11). 이 말이 어떤 상황에서 쓰였는지를 고려한다면 우리에게 더욱 각별한 의미로 다가올 것이다. 저자는 옥중에서 족쇄에 매여 있던 때에 이 말을 기록한다. 번영하는 여름의 절기와 같은 시기에는 하기 쉬운 말이지만, 시험과 환난 가운데에서는 승리하는 삶을 진정으로 경험할 때에야 할 수 있는 말이다.

바울은 무슨 의미로 "나는 자족한다"라고 말한 것일까? 단순히 "만족한다"고 말하려 했던 것은 단연코 아니다. 자족이란 안일하게 외적 환경에 항복하는 것이 아니다. 자족은 마음의 욕구와 열망을 죽여서 얻는 것이 아니다. 혹자는 이것이 하나님의 뜻에 대한 독실한 순복이라 할지 모르나, 이는 그리스도를 닮기보다는 그와 전혀 동떨어진 마음 상태이다.

우리는 심혈을 다하여 살아야 한다. 우리를 반대하는 모든 것에 우유부단하고 나약하게 양보해서는 안 된다. 우리는 불가능해 보이는 것들을 자주 견디고 극복해 내야 한다. 아무리 우수할지라도 우리가 이룬 성과나 업적에 한시도 만족해서는 안 된다. '만족'은 거룩한 것이 아니다. 그것은 생명이 아닌 죽음의 표시이다.

바울은 만족한 적이 없다. 그는 죽는 바로 그 순간까지 앞을 내다보며 뒤돌아보지 않고 삶을 살았다. 과거의 것은 잊어버리고 앞에 있는 것을 잡기 위해 더욱 갈망하며 더욱 이루어가기를 간절히 바라며 살았다. 바울이 자족하기를 배웠다고 하는 것은 그가 더 이상 열망하고 분투하기를 멈추었다는 뜻이 아니다.

학자들에 의하면, 헬라어 원어는 영어 번역에 나타나지 않는 미묘한 뜻을 내포한다. 곧 '자급자족'(self-sufficing)이다. 그리스도인으로서 바울은 평온과 평안을 얻기 위해 필요한 모든 것을 자기 안에 갖고 있었기 때문에, 따라서 다른 외부 환경에 의존하지 않아도 되었다. 그가 어디를 가든 그는 자신 안에 일종의 실력, 재량의 원천, 즉 자급자족의 능력이 있었다.

어디에 있든지 이것이 크리스천 자족의 진정한 비결이다. 내가 나의 환경을 스스로 만들 수는 없다. 인생에서 우리가 질병, 고통, 슬픔, 불행한 일을 막을 수는 없다. 하지만 그리스도인으로서 우리는 어떠한 상황에서도 깨지지 않는 평안과 즐거운 영혼의 평온 안에 살아야 한다.

어떻게 하면 이 깨지지 않는 자족함을 가질 수 있을까? 자신의 삶에 대해 서술하는 바울의 고백 안에 그가 자족에 이른 방법에 관한 힌트가 있다. 바울은 "나는 자족하기를 배웠노니"라고 말한다. 우리 같은 평범한 사람들은 그 같은 인물로부터 이렇게 듣는 것이 적잖은 위로가 된다. 바울조차도 항상 자족했던 것은 아니었음을 말해 주기 때문이다. 처음에는 그도 아마 불편한 가운데 안달했을 것이고, 시험 중에 자족하기를 '배워야' 했을 것이다. 외적 분쟁이 있을 때 마음에 평화를 갖는 것은 그에게 자동적인 것이 아니었다. 우리한테도 그렇지 않은 것과 마찬가지로.

또한 바울이 그리스도인이 되자마자, 그토록 아름답게 삶을 영위하는 방법이 신령한 선물로 그에게 단번에 주어진 것도 아니었다. 자족하도록 기적적인 도움을 받은 것도, 사도라서 특별한 능력이나 은혜를 부여받은 것도 아니었다.

바울은 노년에 "배웠노니"라고 솔직하게 우리에게 말한다. 이는 그가 언제나 "나는 어떤 상황에서도 자족한다"라고 말할 수 있지 않았다는 뜻이다. 자족은 그가 생애 후반에 성취한 것이다. 힘겨운 몸부림과 훈련으로 도달한 것이다. 그리스도의 학교에서 배움으로 얻은 것이다. 우리 중 누구라도 배우려면 이 과정을 거쳐야 하고, 또한 누구라도 배우려 한다면 배울 수 있는 것이 자족이다.

영적 아름다움에 이르도록 성장하고픈 사람이라면 마땅히

누구나 이 레슨을 배우려고 해야 한다. 자족하지 못함은 참담한 잘못이다. 이는 하나님을 불신하는 데서 비롯하기 때문에, 하나님을 근심하게 만든다. 자족하지 못함은 마음속의 평온을 파괴시키기 때문에, 자족하지 않는 사람들은 항상 불행하다. 자족하지 못함은 성품의 아름다움을 훼손시킨다. 성격을 뒤틀어 놓고, 즐거운 삶의 잔잔함을 헝클어 버리고, 영혼의 사랑스러움을 변색시킨다. 자족하지 못함은 심지어 육체에도 영향을 미쳐서 천하일색의 미모라도 망쳐버린다.

변화된 낯빛을 가지려면 마음속에 천국을 지녀야 한다. 이러한 레슨을 얼마나 습득하였느냐에 따라 내재하는 평안의 빛남으로 그만큼 안색이 밝아지게 된다. 이외에도 자족하지 않음은 주변 사람들의 삶에 그림자를 드리운다. 자족하지 않는 가족 중의 한 명으로 종종 가정 전체가 비참해지기도 한다. 나 자신을 위해서가 아니라면 나의 친구들을 봐서라도 자족하기를 배워야 한다. 우리는 참담한 불평과 불만으로 남의 인생에 그림자를 드리울 권리가 없다.

그러면 우리가 어떻게 자족을 배울 수 있을까? 자족을 향해

한 발짝 나아가는 길은 '불가피한 재난과 역경을 인내하며 순종함'으로 받아들이는 것이다. 이 세상에 완벽한 처지란 없다. 이 세상을 산 그 누구도 아무런 결점 없는 환경을 발견한 일이 없다. 그러나 때로 그 불편함을 제거할 수 있는 능력이 우리에게 있을 때가 있다. 우리가 겪는 수많은 곤욕은 우리 스스로가 자초한 것들이다. 그래서 상당 부분은 우리의 미미한 노력으로도 고쳐진다. 만약 내가 원한다면 안락함으로 바뀔 수 있는 재난과 골칫거리들을 그대로 끌어안고 나날이 살아간다면, 그것은 분명 매우 어리석은 짓이다. 그러므로 우리가 제거할 수 있는 모든 문제는 제거해야 한다.

지나치게 많은 사람들이 어려운 상황과 조건에 맞서는 데 있어 나태하다. 그들은 자신의 처지 앞에 '하나님의 섭리'라고 잘못 이름 붙여 놓고는 쉽사리 항복해 버린다. 장애물은 우리의 앞길을 막기 위해서만 있는 것이 아니다. 때로 우리가 용기를 갖고 노력하도록 고무하기 위한 목적이 있고, 그로 인해 우리의 숨겨진 능력을 끌어내기 위한 목적이 있다. 그러므로 너무 쉽사리 역경에 굴복해서도 안 되고, 풀 죽어서 여러 상황들로부터 물러서서도 안 된다. 우리가 가는 길에서 발견하는 것들 중에는 우리가 그 길에서 치워 버려야 하는 것들도 있다.

그러나 우리가 기쁨으로 바꿀 수 없는 시험들이 있고, 우리가 내려놓을 수 없는 짐들이 있고, 계속해서 져야 하는 십자가들이 있고, 사무치는 고통으로 남겨 두어야 하는 육체의 가시들이 있다. 그런데 그러한 시험 중에 있는 우리는 왜, 그것을 하나님이 우리에게 주신 가장 선한 길의 한 부분으로 여기며 즐겁게 받아들이지 않는 것일까? 불만족이 험난한 길을 평탄하게 만들거나, 무거운 짐을 가볍게 만들거나, 쓴 컵을 덜 쓰게 만들거나, 캄캄한 길을 밝게 만들거나, 쓰라린 슬픔을 덜 쓰라리게 만들지 않는다. 불만족은 오직 상태를 악화시킬 뿐이다. 따라서 자신이 바꿀 수 없는 형편을 인내하며 받아들이는 사람은 승리하는 삶의 한 가지 비결을 배운 사람이다.

자족이 주는 교훈의 또 다른 면은 '욕망을 다스림'을 배울 수 있다는 것이다. 바울은 다시 말하기를 "우리가 먹을 것과 입을 것이 있은즉 족한 줄로 알 것이니라"(딤전 6:8)고 한다. 우리가 갖는 불만의 대부분은 나보다 더 특혜를 받은 것 같아

보이는 사람들을 시기하는 데서 비롯한다. 많은 이들은 이웃이 가진 고급스럽고 사치스러운 것들을 질투하다가 자기에게 주어진 자리에 있는 안락함을 죄다 상실해 버린다. 만약 자신이 질투하는 그 부유한 이웃의 삶의 총체적인 사정을 보게 된다면, 아마도 자신의 좀 더 변변치 않은 환경의 초라한 삶과 바꾸려 하지 않을 것이다. 만약 서로의 인생을 바꾼다면, 자신의 자리에서 누렸을 진솔한 행복을 바꾼 삶에서는 절반도 누리지 못할 것이다.

　서민의 삶과 다르게 궁궐 안의 삶에 자족이 거하는 경우는 드물다. 장대하게 치솟은 높은 산봉우리들이 더 주목 받을지는 모르겠으나, 바람은 잠잠한 골짜기들보다 산봉우리를 더 맹렬하게 휘몰아친다. 하나님이 우리를 위해 만드신 인생의 행로는 그 시간 그 자리에서 우리를 위한 최고의 것임에 틀림이 없다. 하나님은 우리가 진정 필요로 하는 것이 무엇인지 우리보다 더 잘 아신다. 나의 불만족의 실제 원인은 나의 환경이 아니다. 만약 그랬다면 환경의 변화로 불만족을 해결할 수 있을 것이다. 불만족의 원인은 우리 안에 있다. 그래서 우리가 어디를 가든 불만족하는 마음이 동행한다. 우리에게 영향력 있는 단 하나의 치유법은 우리 안의 '불만족의 병'을 치료하는 것일 테다.

나의 것보다 더 멋져 보이는 다른 이들의 형편을 부러워하는 욕망은 내가 있는 자리에서 최고의 복과 선을 찾지 못하도록 막는다. 내 손이 닿지 않는 곳에 있는 것들을 움켜쥐려고, 바로 옆에 있는 수많은 즐거운 행복의 조각들에 눈길도 안 주고, 감상하지도 만져 보지도 않고, 경시하며 놓아둔다. 누군가가 그랬다. "사람은 별을 따려고 손을 뻗치다가 그의 발아래 자리한 꽃들을 잊어버린다. 지극히 아름답고, 지극히 향기롭고, 지극히 만발하며, 지극히 각양각색인 그 꽃들을." 자족함의 훌륭한 비결은 평범하고 일상적인 것들, 내가 가진 것들로부터 될 수 있는 한 모든 즐거움을 찾아 끌어내는 데에 있다. 또한 불가능한 꿈을 향해 광적이고 허망한 추격에 임하기를 삼가야 한다. 내가 어떤 처지에 놓여 있더라도 나는 그 안에서 필요한 것들을 넉넉히 발견할 수 있다.

자족이 주는 교훈을 배우기 위해, 우리는 또한 삶의 고결한 것들을 위해 살도록 훈련해야 한다. 고대의 한 현인은, 태풍에 자신의 상선들이 파손되고 그로 인해 모든 재산이 날아간 것을 알게 된 후 이렇게 말했다고 한다. "뭐, 잘되었다. 이젠 학문에 더 온전히 전념할 수 있게 되었으니." 그 현인에게는 자신의 물건보다 더 높은 즐거움의 원천이 있었고, 그래서 상선들을 잃는 것도 마치 '장성한 어른'이 '어린 시절의 장난감'을 잃어버리는 것 같이 여겼다. 그는 그저 이방인 철학자였을 따름이다. 그러나 우리는 그리스도인이다. 그에겐 소유물이 사라지자 그의 생각들을 독차지할 학문이 있었다. 우리에겐 하나님의 사랑으로 복된 모든 것이 있다. 세상의 그 어떠한 불행도 그리스도인이 가진 거룩한 약속과 소망의 부유함을 건드릴 수 없다.

그러므로 보이지 않는 영원한 영적 실재를 위해 사는 것을 깨달음에 따라, 우리는 세상의 시련과 상실 가운데 자족함을 얻을 것이다. 만약 하나님을 기쁘시게 하기 위해 내 안에 그리스도를 닮아가는 성품을 세우고, 천국에 보물을 쌓으며 산다면, 우리는 이 땅에서 일이 잘 풀리느냐 혹은 잠시뿐인 재산의 규모가 얼마냐에 의존하여 행복을 결정짓지 않을 것이다. 더욱 크고 신령한 것을 사모함으로 육신의 정욕은 설 자리를 잃을 것이다. 우리에게는 장년의 우월한 소유들이 있기에, 더 이상 '어린 시절의 장난감'은 없어도 된다. 하나님과 천국을 우리 마음에 담으면 담을수록, 이 세상의 장난감들은 우리에게 그 필요가 적어진다.

삶의 고상한 목적에 헌신적이었던 한 상인의 이야기가 있다. 그 상인은 천박한 것들에 구애받지 않는 자유로운 자가 되고자 단호하게 결심한 사람이었다. 어느 날 집을 향해 항해하던 그의 배가 지연되자, 그는 불안해졌다. 그 다음날은 더 불안해졌고, 그 다음날은 더더욱 그랬다. 그러다 땅의 것들에 노예가 되어 있는 자신의 상태를 깨닫고 정신을 차리고선 이렇게 말했다. "나는 돈을 고상하게 쓰기 위해서가 아니라 돈 그 자체를 사랑하게 되어버린 건 아닐까?" 이후 그는 자신의 배와 화물들을 자선사업에 사용했다. 돈을 없애 버리고 싶어서가 아니라 오로지 그래야만 그가 자신을 극복할 수 있었고 돈에 대한 사랑을 그의 발아래 둘 수 있었기 때문이다. 그는 자족하는 비결을 훌륭히 배우고 있었다.

바울은 이 비결을 알았다. 그는 이 세상이 자신에게 줄 수 있는 모든 것을 흔쾌히 저버렸다. 돈은 그를 지배하지 못했다. 그는 풍부한 가운데 사는 법을 알았다. 하지만 궁핍에 처했다고 하여 조바심 내지 않았다. 그는 어떤 시련 중에서도 자족했다. 왜냐하면 그에게 이 땅의 것은 극히 작은 것에 불과했지만, 그리스도는 지극히 중요한 의미였기 때문이다. 바울은 자신이 갖지 않은 것들에 대해 필요를 느끼지 않았다. 그는 자신이 잃은 것들로 인해 가난해지지 않았다. 그는 견디어야 하는 고난 때문에 괴로워하지 않았다. 왜냐하면 그 삶의 원동력은 천국에 있었으며, 고통과 상실 같은 세상의 경험이 건드릴 수 있는 것이 아니었기 때문이다.

이것이 우리가 어떠한 처지에 있어도 그 가운데서 자족을 배울 수 있는 방법의 힌트다. 확실히, 이 레슨은 배울 가치가 있다! 세상의 환난 중에서도, 단 일 년의 감미로운 자족함이, 괴롭고 좀 쑤시는 불만족에 찬 한 평생보다 낫다. 이 교훈은 그리스도의 진정한 제자라면 누구라도 배울 수 있다. 우리 주님께서 이렇게 말씀하시지 않았던가? "평안을 너희에게 끼치노니 곧 나의 평안을 너희에게 주노라"(요 14:27).

어느 화가가 그림을 그렸다. 그는 인생을 어둡고, 폭풍우에 휩싸이고, 난파선이 뒤덮인 바다로 표현했다. 그리고 그 거친 파도 가운데 위대한 반석이 솟아나 있는 모습을 그렸다. 그 드높은 곳의 풀과 꽃들 사이의 반석 틈에 비둘기 한 마리가 둥지에 조용히 앉아 있는 모습을 그렸다. 이것이 세상의 분쟁과 폭풍 중에 있는 그리스도인의 평화의 모습이다. 그리고 그 반석의 틈에 자족의 보금자리가 있다.

탐심, 불만족의 시작

토마스 보스톤 (1676-1732)

THE HELLISH SIN OF DISCONTENT

"네 이웃의 집을 탐내지 말라 네 이웃의 아내나 그의 남종이나 그의 여종이나 그의 소나 그의 나귀나 무릇 네 이웃의 소유를 탐내지 말라"(출 20:17).

Q. "제10계명이 금하는 것은 무엇입니까?"
A. "제10계명이 금하는 것은 자신의 처지를 조금이라도 불만스러워 하고, 이웃이 잘됨을 시기하며 원통하게 여기고, 이웃의 것에 대하여 조금이라도 부당한 마음과 욕심을 품는 것입니다."

제10계명은 탐하는 마음, 즉 사람의 모든 부위 중 정도를 지키며 복종하기에 가장 어려워하는 마음을 다스리는 굴레이자 고삐이다.

우리는 예의 바르고 친절하게 굴 수 있다. 손으로는 살인이나 그런 죄를 저지르지 않을 수 있다. 몸이 부정하지 않도록, 손이 도둑질하지 않도록, 혀가 거짓말하지 않도록 할 수 있다. 그러나 한편 가슴 깊이 속마음은 이 계명이 신령한 권능으로

"잠잠하라 고요하라"(막 4:39)라고 명하는 휘몰아치는 바다와 같을 수 있다.

원죄로 뒤틀린 마음은 노여움으로 괴롭게 하는 욕망들에 싸여 내달린다. 주님께서 그분의 지혜에 따라 사람에게 주시는 것들을 혐오하는 앙심을 품고서 내달린다. 부패한 마음은 하나님의 뜻과 정반대 방향으로 달아난다. 하나님께서 우리가 받아들이기를 원하시는 것은 거부하고, 우리가 멀리하기를 원하시는 것들은 긴밀히 끌어안는다. 부정한 원천과 여러 갈래로 흘러나오는 그 물줄기들은 모두 이 계명이 금지하는 것들이다. 이제 그 줄기들을 살펴보도록 하자.

우리를 괴롭게 하는 욕망들은 부패한 본성을 따라 죄로 배출된다. 곧 비참함이다. 비참해지고 싶다면 죄의 길을 걸으면 될 것이고, 행복해지고 싶다면 고귀한 본분의 길을 걸으면 될 것이다. 나의 처지나 형편에 대한 불만족, 그 괴롭히는 욕망을 살펴보자. 불만족은 탐심의 전제이며, 제10계명은 이를 분명히 금한다. 따라서 내가 가진 것에 대해 불만족하지 않고는 내가 갖고 싶은 것에 대한 탐심도 있을 수 없다.

1. 지옥의 색

불만족은 온통 지옥의 색이다. 불만족은 그 특성상 가장 칠흑 같은 요소들의 혼합체이다. 부패한 마음의 쓰레기가 끓어오르고 뒤섞여서 지옥 같은 완성을 이룬다.

불만족은 하나님의 뜻에 대한 불복종과 반역이다. "이스라엘은 완강한 암소처럼 완강하니"(호 4:16). 타락한 사람, 반항적인 사람은 그의 목에 멍에가 억지로 씌워져야 그제야 그 멍에를 시인한다. 불만족하는 마음은 복종할 수 없다. 그들은 하나님이 세상을 이끄시고 다스리심을 기뻐하지 않고 반란을 일으키며 불만족하는 사람들이다. 하나님이 기뻐하시는 것을 그들은 기뻐하지 않는다. 하나님이 보시기에 옳은 것은 그들에게 악해 보인다. 하나님의 손에서 다스림의 권한을 빼앗아 그들의 손으로 옮기는 것 말고는 그 어떤 것도 그들을 기쁘게 하지 못한다.

자신이 하나님의 다스리심 아래 있다는 것을 그들은 슬퍼한다. 하나님의 다스리심이 자기 생각과 부합하지 않기 때문에 슬픔의 나락에 떨어진다(왕상 21:4). 하나님이 자신의 뜻을 거스르시기 때문에 그들은 자기 마음을 갖가지 슬픔으로 찌른다. 곧 사망을 이루는 슬픔이다. 자기 손으로 자기 심장에 꽂는 칼이다(고후 7:10). 이것은 스스로 자기 마음에 녹아내려 자멸하게 한다. 아합같이 마음을 우울하고 무겁게 만드는 괴로움이라는 부담 위에 올려진 육중한 짐이다. 화염을 일으키며 타오르는 불만족의 검은 연기이다.

자신의 처지에 대해 노여워하고 격분한다. "원망하는 자"(유 1:16)는 자신의 처지에 대해 그리고 하나님의 섭리가 세상에게 베푸시는 방법에 대해 분노하는 사람을 가리킨다. 이들은 하나님의 섭리에 대해 분노하고 마음으로 이에 반기를 들고 공격한다. 곧 언짢아하는 분노다. 헛되이 자기 마음을 동요시키고 못살게 만드는 것으로, 마치 벽에 박치기를 하는 것과 같다. 벽은 꿈쩍도 하지 않는데 그들의 머리만 깨지는 것이다!

마지막으로 내면적 신성모독과 같은 부류이다. 불만족은 세상의 통치자이신 하나님을 정면으로 적대하며 그분의 통치를 비난한다. 그 증거로 이런 말이 터져 나오게 한다. "여호와가 이르노라 너희가 완악한 말로 나를 대적하고도…이는 너희가 말하기를 하나님을 섬기는 것이 헛되니 만군의 여호와 앞에서 그 명령을 지키며 슬프게 행하는 것이 무엇이 유익하리요"(말 3:13-14).

불만족은 하나님이 어리석다고 비난한다

마치 하나님께서 세상을 다스리시기에 족한 지혜가 없는 것처럼 비난한다. 불만족인 사람은 하나님의 섭리가 역사하시는 것에 많은 잘못이 있다며 거짓된 판단으로 짜증을 낸다. 그리고 그분이 행한 잘못을 어떻게 정정해야 할지, 또 어떻게 해야 더 나아질 것인지에 대해 하나님께 따진다.

불만족은 하나님이 부당하다고 비난한다

마치 하나님이 우리한테 잘못하신 것처럼 비난한다. 세상을 심판하시는 이는 오직 의롭게 행하실 수밖에 없다. 그는 뇌물로 살 수 있는 분도 아니고, 편견이 있는 분도 아니시다. 그럼에도 불구하고 불만족하는 마음은 하나님께 반항하며 그분이 사람을 차별한다고 모독한다. 우리 처지가 악한 것들을 받아 마땅하다면, 우리는 부당한 일을 당한 것이 아니다. 그런데 왜 우리는 불평하는 것일까?

불만족은 자신을 변호하기 위해, 하나님이 잔혹하다고 비난한다

불만족으로 가득 찬 욥은 "주께서 돌이켜 내게 잔혹하게 하시고"라고 말했다(욥 30:21). 불만족하는 자는 선을 모독하며, 마치 누군가의 비참함을 즐기는 무자비한 독재자의 통치 아래 있는 피해자인 양 행동한다. 불만족은 하나님을 암흑과도 같고 비열한 존재로 생각하는 마음으로 가득 차, 그분을 융통성 없는 주인, 잔인한 주님으로 묘사한다. 그렇지 않다면 그들은 손으로 자기 입을 가리고 만족할 것이다.

이것이 불만족의 모습이다. 너무도 새까맣지 않은가? 하나님의 뜻에 저항하는 반역이 수 킬로미터다! 그 안에는 사망을 이루는 슬픔, 조바심 내는 분노, 흉측한 내면의 신성모독이 있다. 이 지옥 같은 구조에는 단 한 톨의 신앙이나 까닭도 없다. 누군가 지옥을 설명하면서 불만족을 거론한다 하더라도 이는 지나친 이야기가 아닐 것이다. 사실상 불만족은 가슴 속 지옥이고, 흑암의 이글거리는 구렁텅이의 상징이다!

2. 불만족의 과정

불만족이 생겨나는 과정을 살펴보면 그 사악함을 한층 더 자세히 볼 수 있다. 불만족은 어둠을 빛으로 취급하고 빛을 어둠으로 취급하는 눈먼 판단으로부터 생겨난다. 불만족은 모든 것으로 선을 이루시는 하나님 섭리의 지혜로운 경영하심을 이해하지 못한다. 우리의 눈먼 생각이 거룩하신 섭리로 통치

하시는 것을 개선시키고 싶어 할 때 불만족이 생기기 마련이다. 이는 섭리의 관점에서 터무니없는 소리이다.

야곱이 그의 어리석음과 섭리의 방식에 대한 무지를 드러내는 것을 보라. "너희가 나에게 내 자식들을 잃게 하도다 요셉도 없어졌고 시므온도 없어졌거늘 베냐민을 또 빼앗아 가고자 하니 이는 다 나를 해롭게 함이로다"(창 42:36). 야곱의 말을 다음의 약속과 비교해 보라. "우리가 알거니와 하나님을 사랑하는 자 곧 그의 뜻대로 부르심을 입은 자들에게는 모든 것이 합력하여 선을 이루느니라"(롬 8:28). 그리고 실제로 일어난 일과 비교해 보라. 당신은 모든 것이 족장 야곱과 그의 수많은 가족을 위해 일어난 일이었음을 알 수 있을 것이다.

불만족은 근거가 전혀 없다. 다만 눈먼 사고가 불만족을 확대시키고 쓰레기 더미를 더해서 마음이 버틸 수 없게 만든다. 라헬의 경우가 그랬다. "라헬이 자기가 야곱에게서 아들을 낳지 못함을 보고 그의 언니를 시기하여 야곱에게 이르되 내게 자식을 낳게 하라 그렇지 아니하면 내가 죽겠노라"(창 30:1).

우리의 어두운 사고는 모루대(대장간에서 불린 쇠를 올려놓고 두드릴 때 받침으로 쓰는 쇳덩이)이다. 모루대 위에서 쇳덩이를 두드려 넓게 늘리는 것과 같이 우리의 비참함을 그 위에 올려놓고 두드려서 하나님이 실제로 우리에게 주신 것보다 더 넓고 더 길게 만들어서는 우리의 마음을 불만족으로 뒤덮어 버린다. 하나님이 얹어 주시는 십자가에 무언가를 더 더하지 않고 주신 대로 질 수 있는 사람이 행복한 사람이다.

교만한 마음

하만의 교만은 모르드개가 절하지도 당혹해하지도 않는 것에 불만족하게 했다(에 3:2, 5). 겸손한 사람 같았으면 절대 문제가 아닐 일이었다. 교만한 마음은 욕심이 많은 마음이다(잠 28:25). 조금으로는 채울 수가 없다. "족하다"고 말하기까지긴 시간이 걸린다. 그래서 자연스럽게 불만을 낳는다. 교만과 불만족은 언제나 한 지붕 아래 머무른다. 그래서 사탄이 가장 교만하고 게다가 가장 불만족하는 피조물인 것이다.

피조물을 향한 억제되지 않은 애착(딤전 6:9-10)

요나는 박 넝쿨로 인해 크게 기뻐했다. 그런데 하나님이 그 박 넝쿨을 가져가시자 요나는 매우 불만이었다(욘 4:6, 9). 사람의 마음은 자신이 만들어 낸 안락함을 움켜잡고, 그것을 자신의 몸에 붙은 팔다리와 같이 여긴다. 그러니 자신의 팔다리가 잘려나간 사람이 어찌 절규하지 않겠는가? 따라서 피조물에 대한 애착을 죽인다면(마땅히 그래야 하듯이) 불만족은 우리에게 다가올 길이 없다.

불신의 심령

믿음의 결핍이 가인의 제물로 열납되지 못하게 망쳤고 또 그에게 불만족이라는 댐의 문이 열리도록 하였다. "가인이 몹시 분하여 안색이 변하니"(창 4:5; cf. 히 11:4). 불만족은 필요를 통해 더 강해진다. 반면 믿음은 필요를 공급해 주고, 그 공급이 약속되어 있는 한, 그 약속을 통해 더 강해진다. 불신이 있는 곳에 불만족이 우세하는 것은 당연한 일이다! 살아 있는 믿음은 불만족을 죽이지만, 반대로 불신은 그것을 고이 먹여 키우고 아낀다. 불만족은 마음 전체에 빗장을 지른다고 할 수 있다. 불만족은 결코 믿음을 얻을 수 없다. 믿음은 오직 하나님 안에서만 얻을 수 있다.

3. 불만족의 결과

불만족의 결과를 살펴보면 불만족이 얼마나 심각하게 칠흑같은지 보게 될 것이다. 열매로 그 나무를 아는 법이다. 불만족은 하나님과의 교제와 교통을 훼손시킨다. 출렁거리는 진흙탕은 태양의 모습을 깨끗하고 잠잠한 물처럼 비추지 못한다. 불만족하는 마음은 거룩하신 하나님과 교제할 자격이 없다(딤전 2:8). "두 사람이 뜻이 같지 않은데 어찌 동행하겠으며"(암 3:3). 누군가 하나님과 교제하기를 원한다면 그의 마음이 다른 형제를 향해 화가 나서 끓고 있어서는 안 된다(마 5:23-24). 하물며 불만족으로 하나님께 화가 난 자가 어떻게 하나님과 교제할 수 있겠는가?

불만족은 경건한 의무를 다하는 것에 매우 부적격하다. 기도로 하나님께 아뢰는 것이나 하나님의 말씀을 사람들에게 전하는 의무에 있어 매우 부적격하다. 그래서 불만족하는 자는 그 의무를 올바르게도, 하나님이 받으실만하게도 행하지 못한다.

첫째, 불만족은 나발의 경우와 같이 그 내면의 마음이 자멸하게 만든다. "그가 낙담하여 몸이 돌과 같이 되었더니"(삼상 25:37). 둘째, 불만족은 영적인 것들의 감미로움을 앗아간다. 맛을 썩게 하고, 애굽 땅의 이스라엘 백성처럼 메마르게 한다(출 6:7-9). 셋째, 불만족의 이유에 골몰하는 것은 말라기 시대의 유대인들처럼 무거운 발걸음으로 축 쳐져 무심하게 하나님을 예배하고 그리스도인의 의무로부터 떠나게 한다(말 2:13-14). 또한 아내에 대한 불친절로 불만족과 신경질을 불러일으켜서, 매우 심기가 불편한 상태로 성전에 도착하게 한다.

불만족은 사회의 안락함을 훼손시키고, 주변 사람들과 불쾌한 관계를 만든다. 엘가나가 가족과 함께 만군의 여호와 앞에서 예배하기 위해 실로에 올라갔을 때 염려에 찬 한나는 평정을 잃고 조화를 깨뜨렸다(삼상 1:7-8). 브닌나는 한나를 화나게 하였고, 한나는 브닌나에게 화를 냈고, 엘가나는 그 둘에게 화가 났다. 이처럼 불만족은 사회의 질병이며 악한 세상을 열 배는 더 나쁘게 만든다. 불만족은 서로의 존재가 짐이 되게 한다. 왜냐하면 그 관계가 유지되는 한, 서로에게 우중충한 날이기 때문이다.

불만족은 고문이다. 그리고 자기가 스스로 자신의 고문관이 되도록 한다(왕상 21:4). 불만족은 우리를 어둠으로 둘러싸고, 우리에게 비통함을 먹이며, 쓸개즙과 쓴 풀을 수시로 마시게 한다(잠 15:16). 불만족은 사람이 가질 수 있는 세상의 것들 중 제일인 평화와 마음의 평온을 앗아간다. 우리의 마음을 쉼 없는 풍파가 이는 바다같이 만든다. 그래서 불만족의 사람은 끊임없이 고문대에 서서 스스로 자신의 고문관이 된다.

불만족은 사람의 모든 즐거움에서 진을 빼놓는다. 쓸개즙 몇 방울이 포도주 한 잔을 다 쓰게 만들고 잉크 몇 방울이 투명한 술을 거무튀튀하게 만들 듯이, 한 가지 이유로 인한 불만족은 모든 즐거움을 전부 쓰고 어둡게 만든다. 아합의 불만족을 보라. "이스르엘 사람 나봇이 아합에게 대답하여 이르기를 내 조상의 유산을 왕께 줄 수 없다 하므로 아합이 근심하고 답답하여 왕궁으로 돌아와 침상에 누워 얼굴을 돌리고 식사를 아니하니"(왕상 21:4). 만족이 모든 금속을 황금으로 바꿔 놓는다면, 불만족은 그것들을 쇳덩이로 바꿔 버린다. 소금 없이 달걀흰자에 무슨 맛이 있겠는가? 만족이 없이는 해 아래 어떤 즐거움의 맛도 없다. 그러므로 무엇이든 갖고 싶은 만큼 모두 가졌다 하더라도, 만족하는 만큼만 즐거워할 수 있다.

불만족은 언제나 고마워할 줄 모르게 만든다. 하나님의 섭리가 불만족하는 사람을 낙원에 놓아둔다고 하자. 그는 금지된 한 나무 열매 때문에 원통해 하며, 하나님이 동산에 구비해 주신 온갖 종류의 기쁨을 주는 열매들로 감사드리지 않을 것이다. 그 한 열매를 손에 얻지 못하는 이상 그에게 이 모든 것이 소용없기 때문이다. 감사할 줄 모르는 것은 시커먼 색의 죄다. 그 죄의 원인은 하물며 얼마나 더 그렇겠는가?

불만족은 또 다른 죄들을 낳는 다산의 태로, 더러운 정욕들을 대거 번식한다. 사람이 쉽게 저지를 수 있는 세 가지 노골적인 죄, 즉 불만족의 자연스러운 결과물들은 다음과 같다.

살인

살인은 십계명의 두 번째 돌판(제5-10계명)에서 가장 노골적인 죄로서 역시 불만족의 산물이다. 마음이 불만족의 연기를 뿜다가 불길로 번지면 피와 살육을 호흡하듯 발산해 낸다. 살인 중에서도 최악인 친족 살인도 불만족에서 비롯된다. 아벨을 살해한 가인의 경우가 그렇다(창 4:5, 8). 무엇보다도 최악인 사실은 자살도 언제나 불만족으로부터 비롯된다는 것이다. 사람은 자신의 처지에 대한 불만을 키우고, 교만한 마음은 그 처지를 견딜 수 없어 한다. 그리고 그 처지를 개선할 수 없음을 깨닫고 절망하며 자살한다.

악한 영과의 거래

하나님께 성을 내며 불만족인 사람은 사탄의 먹이가 되기에 알맞은 자리에 있다. 그래서 불만족에 찬 사울이 엔돌에 있는 신접한 여인에게로 간 것이다(삼상 28장). 불만족인 마음은 탁한 마음이다. 그리고 사탄은 그런 물에서 낚시하기를 즐긴다. 하나님이 해 주시지 않는 것과 주시지 않는 것을, 자신이 해 주고 주겠다고 하며 사탄은 그들에게 얼굴을 들이민다. 그리고 사탄의 유혹에 몰두한 그들은 그것 없이는 안심할 수 없게 되고 쉽사리 현혹되어 말려든다.

하나님 모독

이 죄는 십계명의 첫 번째 돌판(제1-4계명)에서 가장 노골적인 죄로 성령모독죄가 여기에 속한다. 불만족은 그 성격상 실질적인 모독이다. 그러므로 불만족이 커지면 공개적인 모독으로 터져 나오게 된다. 가증한 입이 "이 재앙이 여호와께로부터 나왔으니 어찌 더 여호와를 기다리리요"(왕하 6:33)라고 말한 것을 기억하는가. 하나님을 향해 성난 사람들은 그분께 시비를 걸고 원망하기 시작한다. 제대로 말하는 것, 특히 압박 가운데 옳게 말하는 것이 쉽지는 않으나, 이러한 결과들은 쓴 뿌리인 불만족이 대단히 사악함을 우리에게 확인시켜 준다.

마지막으로, 다른 많은 죄들에서는 찾아볼 수 없는 특징이 불만족과 동행하는 것들을 통해 나타난다. 그 특징들은 다음과 같다.

불만족은 섭리의 왕국에서 유명한 반역자이다. 세상을 창조하신 하나님이 세상의 유일한 통치자이심을 친히 자증하신다. 그러나 불만족의 사람은 그 통치권을 하나님의 손에서 빼앗으려 한다! 세상의 통치자와 전쟁하고 싸우려 한다. 마치 진흙이 토기장이에게 싸움을 걸며 "어찌 나를 이같이 만들었느냐"고 말하는 것처럼 한다(롬 9:20).

불만족은 은혜의 왕국을 특유의 방식으로 멸시한다. 불만족에는 복음의 은혜를 대적하는 특유한 악성이 있다. 불만족하는 자에게 없는 것을 채워 주기 위해서 복음이 선포하는 것, 곧 하나님과 천국과 그리스도가 구속하신 모든 행하심을 앞에 두고 불만족의 악한 성질이 이를 모욕한다(출 6:7, 9). 그렇다. 탐욕, 음탕, 망령됨과 같은 다른 정욕도 그러기는 마찬가지다. 하지만 차이점이 있다. 다른 정욕들은 신령한 것을 대체하여 얻고자 하는 무언가가 있고, 그에 따르는 이득이나 쾌락과 같은 미끼라도 있다. 하지만 불만족의 사람은 복음으로부터 안위를 받기보다는 차라리 아무 위로 없이 말라죽어 가기를 택한다.

불만족은 암흑의 왕국까지 따라가 영원히 함께한다. 어떤 정욕들은 시간의 영역을 벗어나서는 소용이 없게 된다. 탐욕의 사람은 지옥에서 자신의 금, 돈, 재산을 경멸할 것이고, 부정한 자는 그의 부정한 친구들을 경멸할 것이다. 하지만 불만족의 사람이 회개하지 않고 죽으면 그의 행함은 구덩이까지 따라간다. 지옥에서 그들은 조금의 쉴 시간도 없이 영원토록 불만족할 것이다. 그들은 단 한 번도 더 이상 미소 짓지 않을 것이며, 영원한 암흑의 구름이 그들의 얼굴을 덮을 것이다. 그들은 속 태우고, 원망하고, 하나님과 자기 자신에 대해 격노하고, 영원토록 하나님을 모독할 것이다. 불만족의 사악함을 바로 보자. 그리고 이를 경계하자.

만족하기 위한 방법을 실행하라

만족하기 위한 방법을 실행하라. 특히 그리스도 안에서 하나님을 당신의 하나님으로 모시고 믿기 위해 힘쓰라. 무엇이 되었든 당신에게 결핍된 부분이나 당신이 불만족하는 부분에 주님이 들어오시도록 하라. 그렇지 않으면 다른 그 어떤 것도 헛되다. 하나님을 즐거워함은 우리 마음의 가장 큰 구멍도 채우기에 충분하다! "너의 하나님 여호와가 너의 가운데에 계시니 그는 구원을 베푸실 전능자이시라 그가 너로 말미암아 기쁨을 이기지 못하시며 너를 잠잠히 사랑하시며 너로 말미암아 즐거이 부르며 기뻐하시리라 하리라"(습 3:17).

겸손하기 위해 힘쓰라

겸손은 실로 우리의 무가치함을 깨닫게 하고, 우리의 마음과 불만족 사이에 담장을 쌓는다(창 32:10). 겸손은 우리가 잃은 것이 도대체 무엇인지를 되묻게 하고, "범사에 감사하라 이것이 그리스도 예수 안에서 너희를 향하신 하나님의 뜻이니라"(살전 5:18)는 말씀에 참여하게 한다. 자신이 죽어 마땅한 자라고 여기는 사람은 추방된 것에 대해 불만족하지 않을 것이다. 그리고 자신이 하나님의 임재하심을 영원토록 잃기에 마땅한 자라고 믿는 사람은 잠시 동안의 상실 앞에 손으로 자기 입을 가릴 뿐일 것이다.

당신의 십자가들을 앞에 두고 침잠하지 말라

당신의 십자가들을 앞에 두고 침잠하는 것은 불만족을 낳고 키우는 일 밖에 되지 않는다(시 39:3). 자비로운 도우심에 눈을 돌리고 기뻐하며 감사하라.

신앙의 의무를 수행하는 데 전력하라

주님 앞에 자주 무릎 꿇고 마음을 쏟아 놓으라. 주님께 당신의 모든 필요를 말씀드리라. 그렇게 함이 한나에게 감미로운 평안을 주었다(삼상 1:18). 자주 성경을 보고, 성경을 통해 먼 나라에서 온 복음을 들으라. 그곳에는 위로의 샘이 있다. 이전에는 맛보지 못한 샘이며, 당신의 처지를 위해 예비된 샘이다.

불만족이 머리를 들기 시작하는 즉시 다스리라

불만족이 머리를 들기 시작하는 즉시 싹을 잘라 버려라. 불만족은 쉬지 않고 퍼져서 기세를 더하는 불이다. 불만족은 하나님께 대적하는 것이고, 쏟아져 나오는 물을 그대로 놔두는 것이다. 처음에는 아무리 적은 양이더라도 빨리 해결하지 않으면 감당할 수 없는 규모가 된다.

믿음은 불만족을 막는 최고의 방부제다. 믿음은 어떠한 형편에서도 하나님의 약속에 의지하게 하고, 모든 십자가와 고통이 궁극적으로 우리에게 선한 유익이 있게 하려는 것임을 보는 긍정적인 시야를 준다. 믿음은 보이지 않는 위대한 분깃으로 굳게 붙들게 하며, 그렇게 함으로 세상의 것들에 대한 염려를 덜어 준다. 믿음은 나에게 필요한 모든 것을 하나님으로부터 찾기 때문에 불만족이 없다.

자족, 살아 있는 경건

윌리엄 플루머 (1802-1880)

WHAT IS CONTENTMENT? FROM VITAL GODLINESS

"내가 궁핍하므로 말하는 것이 아니니라 어떠한 형편에든 지 나는 자족하기를 배웠노니 나는 비천에 처할 줄도 알고 풍 부에 처할 줄도 알아 모든 일 곧 배부름과 배고픔과 풍부와 궁 핍에도 처할 줄 아는 일체의 비결을 배웠노라 내게 능력 주시 는 자 안에서 내가 모든 것을 할 수 있느니라"(빌 4:11-13).

"그러나 자족하는 마음이 있으면 경건은 큰 이익이 되느니 라 우리가 세상에 아무 것도 가지고 온 것이 없으매 또한 아무 것도 가지고 가지 못하리니 우리가 먹을 것과 입을 것이 있은 즉 족한 줄로 알 것이니라"(딤전 6:6-8).

우리의 서재는 자족에 관한 서적들로 넘쳐 난다. 어떤 책들 은 대단히 솜씨 있게 자족에 대해 적어 내려간다. 자족은 그것 이 낳는 결과가 매우 바람직하고, 시급한 여러 이유로 장려되 는 덕목이기 때문에, 누군가 '불만족'이 합법적이라거나 아주 미미한 범죄일 뿐이라고 여기려면 그는 남달리 눈먼 봉사여 야 한다. 그래서 탁월한 미덕인 자족을 소유하는 것의 훌륭함과 자족할 의무의 도덕성을 놓고 저자들 간에 공적인 논쟁을 벌이는 일은 거의 드물다.

자족의 상태로 인도해 주는 좋은 방법이나 자족해야 할 타당한 이유가 부족해서 자족이 어려운 것이 아니다. 우리 마음속에 뿌리 깊게 자리한 반감, 하나님의 뜻에 복종할 의무를 아주 싫어하는 우리 마음 때문에 자족이 어렵다고 할 수 있다. 우리는 '행하기'보다 '알기'를 더 잘한다. 우리는 의로움을 보면서 부정함을 추구한다. 우리는 어리석음을 비웃고 불만족하는 남들의 악함에 인상 찌푸려 놓고, 그들을 따라한다.

불만족이란 무엇일까? 그리고 불만족은 그와 유사한 다른 악한 마음의 상태들과 어떻게 구분될까? 자족은 무심한 것도 사치도 아니다. 감수성이 둔한 상태도 아니다. 자족은 우리가 처한 현재의 형편을 두고 하나님이 주신 몫에 대해 억울하다는 생각이나 발언 혹은 변화를 원하는 죄 된 욕망 없이 하나님의 뜻에 흡족하게 기대는 마음자세이다. 자족은 주어진 것을 순종으로 받아들인다. 현재의 긍휼을 감사하며 즐긴다. 장래를 실수가 없는 지혜의 손에 맡긴다.

진정한 자족은 이 땅에서의 것을 자신의 분깃이나 영원한 보금자리로 삼지 않는다. 제일 자족하는 사람도 그리스도께서 그를 영원한 집으로 부르실 날을 갈망한다. 우리는 사도 바울처럼 이웃을 위해 육신에 머무를 것인지 아니면 육신을 떠나 훨씬 더 나은 것, 곧 그리스도와 함께 할 것인지의 기로에 설 수도 있다. 하나님은 누구에게도 이 땅에서 영원히 살고자 하는 마음을 갖도록 요구하신 적이 없다.

자족에는 조금이라도 금욕주의적인 면이 없다. 자족은 무뚝뚝한 감정이 아니다. 진정한 독실함은 감옥이 궁전이라고 망상하게 하거나, 자신의 행복에 대해 개의치 않게 만들지 않는다. 정제된 감정이 참된 종교가 장려하는 바이다.

1. 자족과 반대되는 것들

자족 vs 시기

자족에 대한 옳은 생각을 갖추기 위해서 자족과 반대에 놓인 것들을 살펴볼 필요가 있다. 그중에 제일 눈에 띄는 것이 시기이다. 시기보다 더 비열하거나 난폭한 격정은 없다. 시기는 치명적인 악의로 가득 차 있다. 남들의 우세한 성공을 질투하고 그로 인해 그들을 증오하는 사람이라면, 그는 멸망에서 그리 멀지 않았다.

에반스는 이렇게 말했다. "시기는 불만족의 틀림없는 증거이다. 하나님을 향한 본분과 이웃을 향한 사랑은, 나에게 직접적인 유익이 있든 없든 우리로 다른 사람들의 잘됨을 보고 기뻐하게 한다." 만약 하나님이 당신의 이웃에게 좋은 것으로 베푸신 까닭에, 그 이웃을 시샘의 눈으로 바라본다면, 당신이 싸우려는 진짜 대상은 하나님의 섭리이다. '세상에 속한 사람들'의 분깃은 이 땅의 것이라고 하나님이 분명히 우리에게 말씀하셨기 때문에(시 17:14), 이는 전혀 변명할 구실이 없다. 이세상의 그 누구도 즐겨보지 못한, 그리고 아담조차 타락 전에 즐겨보지 못한 더 나은 분깃을 하나님은 그분의 영적 자녀들에게 주셨다. 설령 하나님이 그분의 자녀들 중 나보다 다른 자녀들에게 더 많이 주신다고 해도, 하나님이 하나님의 것을 그분이 원하시는 대로 주시지 못할 이유가 있겠는가?

자족은 또한 이 땅에서 처한 자신의 형편을 두고 좀먹듯이 염려하는 것과도 반대된다. 신약성경은 우리에게 이렇게 명한다. "아무 것도 염려하지 말고 다만 모든 일에 기도와 간구로, 너희 구할 것을 감사함으로 하나님께 아뢰라"(빌 4:6). 이와 유사한 권고도 있다. "너희 염려를 다 주께 맡기라 이는 그가 너희를 돌보심이라"(벧전 5:7). 동일한 목적으로 우리 주님이 또한 이렇게 말씀하셨다. "그러므로 내가 너희에게 이르노니 목숨을 위하여 무엇을 먹을까 무엇을 마실까 몸을 위하여 무엇을 입을까 염려하지 말라 목숨이 음식보다 중하지 아니하며 몸이 의복보다 중하지 아니하냐"(마 6:25).

이 땅에 속한 것들에 관한 모든 애타는 염려는 죄일 뿐만 아니라 어리석음이다. 그리고 이 교훈을 우리 마음에 다져 두는 것이 우리의 평안과 유익을 위해 최고로 중대한 일이다. 주님은 다음과 같이 말씀하시며, 지나친 염려에 대해 지적하셨다. "너희는 스스로 조심하라 그렇지 않으면 방탕함과 술취함과 생활의 염려로 마음이 둔하여지고 뜻밖에 그 날이 덫과 같이 너희에게 임하리라"(눅 21:34). 이 땅의 것들에 열망하는 사람을 보았다면, 당신은 극심한 위기, 곧 자신의 성공으로 인해 악화된 위기에 처한 사람을 본 것이다. 우리의 마음은 대단히 부패하여 기만적이다(렘 17:9). 솔로몬이 그의 건축 활동에 열중했듯이, 요나는 그의 박 넝쿨에 심히 열중했었다.

자족은 시기와 반대된다. 헬라어본 신약성경에는 '시기'로 번역할 수 있는 단어가 두 가지로 등장한다. 하나는 문자적으로 돈을 사랑함을 뜻하고, 다른 하나는 좀 더 갖기 원하는 욕망으로 에베소서 4장 19절에서 욕심으로 번역된다. 자신이 사랑하지 않는 것을 좀 더 갖기 원하는 사람은 없기 때문에, 이 두 가지 의미는 항상 공존한다. 따라서 은을 사랑하는 사람은 이미 가진 은으로 만족하지 못하여 당연히 더 많은 은을 원할 것이다.

둘 다 자족의 반대이다. 자족은 자신이 가진 것을 지나치게 사랑하지 않는다. 좀 더 가지려는 욕심도 없다. 성경은 "돈을 사랑하지 말고 있는 바를 족한 줄로 알라"(히 13:5), "우리가 먹을 것과 입을 것이 있은즉 족한 줄로 알 것이니라"(딤전 6:8)

라고 말한다. 암에 걸려서 목이 타들어 가는 사람에게 정말로 필요한 것은 물보다 건강이다. 불에 기름을 부어서 끄는 것이 불가능한 것처럼 시기하는 마음의 초조함은 부귀를 쌓음으로써 제거할 수 없다. "사람의 생명이 그 소유의 넉넉한 데 있지 아니[함]"을 배우는 것은 귀한 것이다(눅 12:15). 그래서 "자신이 처한 형편에서 자족하지 못하는 사람은 어떠한 형편에서도 자족할 수 없다."

에반스는 이렇게 말했다. "사람은 자신이 최대의 야망으로 추구하던 갖가지 향락에 도달하여도 여전히 자족함과 거리가 멀게 행동한다. 욕망은 재산보다 더 빠르게 불어난다. 버젓한 저택의 주인이 되어서도 여전히 끼니와 입을 것을 위해 노동하는 양 저택의 규모를 더 늘리는 데 연연한다."

"삼가 모든 탐심을 물리치라"(눅 12:15).

자족 vs 교만

자족은 또한 교만과 반대되는 것이다. "겸손은 자족의 어머니이다.""자신이 아무것도 받을 자격이 없다는 것을 깨달은 사람은 어떤 것에도 자족한다." 하나님의 손에서 내가 뭔가 좋은 것을 받을 자격이 있다고 생각하며 교만으로 들떠 있는 사람에게 만족은 불가능하다. 그러나 겸손한 사람에게는 지혜와 고요함과 온유함과 자족이 있다. 아무것도 기대하지 않는 사람은 (왜냐하면 아무것도 받을 자격이 없기 때문에) 자신을 대하시는 하나님의 손길에 만족하게 되어 있다. 그래서 시편 기자는 "의인의 적은 소유가 악인의 풍부함보다 낫도다"라고 고백한다(시 37:16). 왜냐하면 "악인은 그의 교만한 얼굴로 말하기를 여호와께서 이를 감찰하지 아니하신다 하며 그의 모든 사상에 하나님이 없다"고 하기 때문이다(시 10:4).

교만한 사람은 멍에에 익숙지 않은 송아지와 같다. 그는 사납게 날뛰는 불과 같다. 그는 친구들을 멀어지게 하고, 원수를 만든다. 겸손한 사람이라면 잠잠히 지나갈 상황에서 교만한 사람은 무척 괴로워하고 서러워한다. 교만과 자족은 동행할 수 없다. 거룩하지 못한 야망과 자족 역시 일치하는 바가 전혀 없다. "네가 너를 위하여 큰 일을 찾느냐 그것을 찾지 말라"(렘 45:5).

우리에겐 사실 그렇게 많은 것이 필요하지 않다. 하지만 야심에 찬 사람은 백만 가지의 욕망과 요구사항들을 창출해 낸다. 그 욕망들을 만족시키는 것이 불가능하든 가능하든 상관없다. 사악한 야심의 강한 욕망을 충족시키는 데 전력을 다하는 사람에게는 그 누구의 자원도 그의 야심이 요구하는 바를 절반도 만족시켜 주지 못한다. 지혜로운 자라면 자신의 처지를 자기가 바라는 수준으로 끌어올리지 못한다는 것을 깨달을 때, 그 욕망을 자신의 처지에 정직하게 맞추려고 애쓸 것이다. 그러나 야심에 찬 사람은 절대 그렇게 하지 않는다. 그는 무엇을 얻어도 자족하지 못한다. 높아질수록 더 넓어지는 그의 시야에 또 다른 무언가가 들어오게 될 것이고, 보았으니 그것을 그 만큼 더 무척이나 바라게 될 것이기 때문이다. 헛된 것에서 헛된 것으로 옮겨 다니며, 견고한 평안으로부터 낯선 사람이 될 것이다.

이 세상의 것들을 얻기 위해 야심에 차 있는가? 그렇다면 당신은 당신 자신의 고문관이다!

자족 vs 원망

자족은 하나님의 섭리에 대한 원망이나 투덜거림과 반대이지만, 자족의 자매들인 감사와 복종과 감수와 늘 함께한다. 자족은 히스기야처럼 하나님의 모든 정하심에 대해 감탄한다. "여호와의 말씀이 좋소이다"(사 39:8). 이것이 중요한 포인트이다. 하나님의 영광을 위해 명료하게 말할 것이 없다면, 잠잠히 입을 닫는 것이 지혜롭다(시 38:13; 39:2).

자족 vs 불신

자족은 또한 하나님에 대한 불신 그리고 그분의 섭리로 이루어지는 일들로 인해 좌절하는 것과 반대된다. 주님의 때를 기다리고 주님을 의지하는 대신에, 얼마나 많은 이들이 그들에게 일어나는 모든 일 혹은 일어나리라 예상하는 일을 두고 가혹한 미래를 생각하는가. 그들은 유쾌하지 못하다. 그들의 영혼은, 영원히 거하며 결코 옮겨질 수 없는 견고한 시온산과 같지 않다. 두려움이 자신감의 자리를 차지한다. 그러나 진정한 자족은 그러한 상태를 모두 무너뜨린다. 자족은 영혼을 안정시키고 굳건하게 만들며 안정시킨다.

2. 자족의 올바른 열매

자족의 올바른 열매는 풍족하며, 유쾌하고, 쉽게 식별될 수 있다.

자족은 유쾌하고 감사에 찬 언행을 낳는다

언제나 장송곡만 부르고 찬양이 없는 사람, 쉬지 않고 친구들의 귀를 불만으로 채우고 친절한 사랑에 대해서는 할 말이 없는 사람은 진정한 자족의 복을 갖지 못한 사람이다. 자족은 다르다. 자족은 하나님을 어리석게 비난하지 않는다. 자족은 심판을 노래하며, 자비를 노래한다.

진정한 자족은 주변의 모든 사람을 진심으로 대하고, 경건하게 성도의 본분을 행하는 데 면밀하도록 한다

자족하는 사람은 주님을 신뢰하고 선을 행한다. 그는 "모든 이에게 착한 일을 하되 더욱 믿음의 가정들에게"(갈 6:10) 그렇게 한다. 만약 하나님이 그의 친구를 데려가신다면, 그는 더 직수굿한 자세로 온유하고 부지런히 남은 친구들에게 마땅히 할 바를 행하도록 힘쓸 것이다. 만약 하나님이 그가 가진 세상적 물질의 절반을 가져가신다면, 남은 것을 가지고 한층 더욱 성심을 다해 하나님의 영광을 위하여 사용할 것이다. 만약 그가 소망하는 대로 하지 못한다 하더라도 섭리가 허용하는 안에서 최선을 다할 것이다.

진정으로 자족하는 사람은 자신의 필요와 스트레스를 덜기 위해 사악하고 수상쩍은 수단에 의존하지 않는다

자족하는 사람은 악을 행하느니 차라리 악으로 인해 고통받기를 택한다. 그에게 가난은 부패한 재물만큼 나쁜 것이 아니다. 그는 공격적으로 실랑이를 벌이느니 힘겨운 처지를 견디기를 선호한다. 그는 가난보다 도둑질, 사기, 무모한 투기, 기만을 더 견디기 힘들어 한다. 그는 오직 여호와를 신뢰하라는 말씀을 고이 듣고, 도움을 구하러 애굽으로 내려가지도 앗수르에 가지도 않는다. 그는 가난이나 곤경을 면하고자 하더라도, 선한 양심을 팔아서까지 면하려 하지 않는다.

진정으로 자족하는 사람은 타인으로부터 해를 입더라도 악의를 품지 않고 오히려 그들에게 자비를 베푼다

자족하는 사람은 그의 원수들을 하나님의 손, 하나님의 검, 하나님의 진노의 막대기, 하나님의 자기 백성을 위한 채찍으로 본다. 원수들이 난폭하고 불합리하며 전적으로 잘못하였다 하더라도, 자족하는 그리스도인은 "원수 갚는 것이 내게 있으니 내가 갚으리라"고 하신 분을 망각하지 않는다(롬 12:19). 모든 것을 하나님의 오차 없는 지혜와 영원한 사랑에 맡긴다.

3. 불만족에 속한 것들

불만족은 주로 부, 명예, 쾌락과 관련된다. 이러한 것들은 옳은 관심과 욕망의 대상이 될 수도 있고, 옳지 않은 관심과 욕망의 대상이 될 수도 있다. 부와 명예와 쾌락에 관해 우리가 각각 자족함은 지당하다.

부에 대하여

냉철한 이들의 판단, 특히 모든 시대를 아우르는 지혜롭고 경건한 사람들의 판단은 부에 대한 우리의 불만족을 점검하는 것에 영향을 줄 수 있다. 현자들, 성인들, 세상의 스승들과 하나님이 보내신 스승들은 '돈 사랑'에 반대하는 근엄한 증언을 말하고, 또한 자기 처지에 자족하는 것을 지지하는 데 있어한 목소리로 연합한다. 그들의 말을 들어보자.

"자족은 자연의 재산이다"(소크라테스).

"욕망이 지나치지 않으면 적은 것도 당신에게는 풍요로움

같이 여겨질 것이다"(데모크리토스).

"불어나는 재산은 좀 더 갖기를 원하는 갈증과 염려를 수반한다"(호라티우스).

"미덕과 재주는 중산층에 제일 많다"(울스톤크래프트).

"자녀들에게 거대한 유산을 물려주는 것보다 더 혹독한 재앙은 없다"(클락슨).

"가장 합리적이고 지혜로운 최고의 인간은 가난하지도 부유하지도 않은 계급에 속한다"(다이먼).

"흔히 음탕한 풍조는 사회의 하류층이나 중산층에서보다 부자들 사이에 만연한다"(윌버포스).

"미덕에 있어 부는 군대의 짐 덩이와 같아서, 행진을 저해한다. 그렇다. 그리고 그 짐에 신경 쓰느라 가끔은 패배하기도 하고 승리를 방해하기도 한다"(베이컨 경).

"지위, 특히 부는 마음을 영적인 활동으로부터 멀어지게 하는 경향이 보편적으로 있다는 것에 긴장해야 한다"(한나 모어).

"이 세상에서 분깃이 있다는 것은 자비이다. 그러나 이 세상을 분깃으로 삼는 것은 비참이다." "우리는 부에 대한 책임을

져야 한다. 하지만 부는 우리를 책임지지 않는다.""만약 세상이 우리의 분깃이라면, 이후에 지옥이 우리의 분깃이 될 것이다"(메이슨).

"쌓고 쌓아 올린 부로는 진리도 안전도 살 수 없다. 보물이 축적될수록 위험이 몰려온다"(존슨).

비코의 후작은 그가 하나님의 진리를 고수했다는 이유로 방대한 재산을 몰수당하자 이렇게 말했다. "그리스도와의 한 시간 동안의 교제의 가치와 이 세상의 모든 부귀의 가치가 서로 비슷하다고 생각하는 자들은 그들의 금과 은과 함께 소멸할 것이다."

"많은 이들이 금을 사냥하려 온 밤을 낭비하고, 낮에는 종일 노동하며 금을 위해 땀과 피를 흘렸다. 그런데 뭐가 그렇게도 매혹적인 것일까? 그저 땅속 깊은 곳에서 파온 흙덩이를 불에 던지니 나온 반짝이는 것을 어리석은 자들이 감탄하며 신이라고 부르고, 그 앞에서 경건히 무릎 꿇고, 그 제단 위에 안락, 평화, 진리, 신앙, 청렴, 양심, 친구, 사랑, 관용, 자애를 바친다"(폴록).

"세상을 향한 헛된 사랑만큼, 한 영혼이 그리스도께로 나아가는 것을 방해하는 것은 없다. 헛된 사랑으로부터 자유롭지 않는 한, 그 영혼은 하나님을 절대 진정으로 사랑할 수 없다"(존 번연).

"모든 인류가 자연스럽게 빠져드는 한 가지 어리석음이 있는데 그것은 부유하고자 하는 욕망이다. 곧 근사한 집과 토지, 금과 은 같은 것들을 갈망하는 욕망이다. 이러한 욕망은, 누구나 보았을 법한 바보가 주머니에 돌멩이와 흙을 잔뜩 주워 넣고 좋아하는 것이나, 정신 나간 사람이 자해하려고 칼과 무기를 찾는 것과 같다. 이들처럼 정신과 이성을 바로 사용하는 능력을 상실한 사람들은 엄청난 재산 말고는 아무것도 소용이 없다고 여긴다. 그래서 수단을 가리지 않고 재물을 얻기 위해 일천 가지 유혹과 위험을 무릅쓴다. 그렇게 재물을 얻은 후에 그 다음은 무엇인가? 그들은 이전의 상태보다 천배는 더 악화된 조건에 처하게 된다!"(베버리지)

리처드 백스터는 세상을 사랑하는 죄의 악성을 여러 면으로

보여 준다. 세상을 사랑하는 죄는,

- 계획적이고 의도적인 죄이다.

- 우리의 최고 관심사를 위반하는 죄이다.

- 우상 숭배이다.

- 천국을 무시하는 것이다. 영원한 영광을 거부하고 비참
  한 세상을 선호하는 모욕이다.

- 불신이 마음에 만연함을 보여 준다.

- 사람의 영혼을 비천하게 만든다.

- 인생의 방향을 비뚤어지게 하고 천하게 만든다.

- 하나님의 피조세계의 목적을 왜곡시킨다. 그들이 창조되
  고 주어진 목적과 정반대이다.

"당신의 처지에 자족하기를 배우라. 지혜로우신 우리 하나
님은 당신을 위하여 정확히 필요한 만큼 주신다. 당신에게 한
평만큼 더 필요하다는 것을 그분이 아셨다면 당신은 이미 그
만큼 더 가졌을 것이다"(존 오웬).

"부의 축적에 대한 지나친 욕망은 그 방법이 어떻든 우상

숭배이고, 신앙의 삶과 전혀 부합하지 않는다"(토마스 스코트).

"부는 물줄기와 같아서, 순간 흘러왔다가 또 순간 흘러나갈 수 있다"(아른트).

"이 땅에 있는 모든 것 중에 '부'라는 것은 불쌍하게 미혹된 자가 인생을 잃기까지 자신을 믿고 맡기는 제일 큰 유혹이다. 부가 쌓이면 사람의 마음이 그 부로부터 애착 없이 분리되기 힘들다는 것이 증명된다"(홈).

이상은 우리에게 세상을 사랑하는 것이 어리석음을 경고하는 현명한 시인, 철학자, 정치가, 귀족, 신학자들의 생각이다. 이들은 타고난 지각과 경건한 원리에 따라 이렇게 말했다. 하지만 이들 모두가 성령의 감동을 받아 말한 것은 아니다. 따라서 하나님의 말씀을 펼쳐 볼 때, 우리는 '부'에 대한 한 층 더 명백하고 근엄한 말씀을 듣게 된다.

소박한 삶과 엄청난 부를 직접 모두 경험한 다윗 왕은 이렇게 말했다. "의인의 적은 소유가 악인의 풍부함보다 낫도다"(시 37:16). "재물이 늘어도 거기에 마음을 두지 말지어다"(시 62:10).

다윗의 아들 슬로몬도 다윗과 같은 증언을 했다. "이익을 탐하는 자는 자기 집을 해롭게 [한다]"(잠 15:27). "재물은 진노하시는 날에 무익하[다]"(잠 11:4). "자기의 재물을 의지하는 자는 패망하려니와"(잠 11:28). "스스로 부한 체하여도 아무 것도 없는 자가 있고 스스로 가난한 체하여도 재물이 많은 자가 있느니라"(잠 13:7). "많은 재물보다 명예를 택할 것이요"(잠 22:1). "부자 되기에 애쓰지 말[라]…정녕히 재물은 스스로 날개를 내어 하늘을 나는 독수리처럼 날아가리라"(잠 23:4, 5). "속히 부하고자 하는 자는 형벌을 면하지 못하리라"(잠 28:20).

에스겔은 이렇게 말했다. "네 아우 소돔의 죄악은 이러하니 그와 그의 딸들에게 교만함과 음식물의 풍족함과 태평함이 있음이며 또 그가 가난하고 궁핍한 자를 도와주지 아니하며"(겔 16:49).

아굴은 이렇게 말했다. "내가 두 가지 일을 주께 구하였사오니 내가 죽기 전에 내게 거절하지 마시옵소서 곧 헛된 것과 거짓말을 내게서 멀리 하옵시며 나를 가난하게도 마옵시고 부하게도 마옵시고 오직 필요한 양식으로 나를 먹이시옵소서 혹 내가 배불러서 하나님을 모른다 여호와가 누구냐 할까 하오며 혹 내가 가난하여 도둑질하고 내 하나님의 이름을 욕되게 할까 두려워함이니이다"(잠 30:7-9).

요한은 이렇게 말했다. "이 세상이나 세상에 있는 것들을 사랑하지 말라 누구든지 세상을 사랑하면 아버지의 사랑이 그 안에 있지 아니하니"(요일 2:15).

야고보는 이렇게 말했다. "들으라 부한 자들아 너희에게 임할 고생으로 말미암아 울고 통곡하라 너희 재물은 썩었고 너희 옷은 좀먹었으며 너희 금과 은은 녹이 슬었으니 이 녹이 너희에게 증거가 되며 불 같이 너희 살을 먹으리라 너희가 말세에 재물을 쌓았도다"(약 5:1-3).

바울은 이렇게 말했다. "부하려 하는 자들은 시험과 올무와 여러 가지 어리석고 해로운 욕심에 떨어지나니 곧 사람으로 파멸과 멸망에 빠지게 하는 것이라 돈을 사랑함이 일만 악의 뿌리가 되나니 이것을 탐내는 자들은 미혹을 받아 믿음에서 떠나 많은 근심으로써 자기를 찔렀도다"(딤전 6:9-10). "네가 이 세대에서 부한 자들을 명하여 마음을 높이지 말고 정함이 없는 재물에 소망을 두지 말고 오직 우리에게 모든 것을 후히 주사 누리게 하시는 하나님께 두며 선을 행하고 선한 사업을 많이 하고 나누어 주기를 좋아하며 너그러운 자가 되게 하라 이것이 장래에 자기를 위하여 좋은 터를 쌓아 참된 생명을 취하는 것이니라"(딤전 6:17-19).

하나님이 사람에게 보내신 모든 스승 중에, 부에 대해 전적으로 가장 완전하고 분명하게 말한 분은 하나님의 아들이시다. 예수 그리스도는 이렇게 말씀하셨다. "주는 것이 받는 것보다 복이 있다"(행 20:35). "너희를 위하여 보물을 땅에 쌓아 두지 말라 거기는 좀과 동록이 해하며 도둑이 구멍을 뚫고 도둑질하느니라 오직 너희를 위하여 보물을 하늘에 쌓아 두라 거기는 좀이나 동록이 해하지 못하며 도둑이 구멍을 뚫지도 못하고 도둑질도 못하느니라 네 보물 있는 그 곳에는 네 마음도 있느니라"(마 6:19-21). "너희가 하나님과 재물을 겸하여 섬기지 못하느니라"(마 6:24). "그런즉 너희는 먼저 그의 나라와 그의 의를 구하라 그리하면 이 모든 것을 너희에게 더하시리라"(마 6:33).

"삼가 모든 탐심을 물리치라"(눅 12:15). "그러므로 염려하여 이르기를 무엇을 먹을까 무엇을 마실까 무엇을 입을까 하지 말라 이는 다 이방인들이 구하는 것이라 너희 하늘 아버지께서 이 모든 것이 너희에게 있어야 할 줄을 아시느니라"(마 6:31-32). "다시 너희에게 말하노니 낙타가 바늘귀로 들어가는 것이 부자가 하나님의 나라에 들어가는 것보다 쉬우니라"(마 19:24). "불의의 재물로 친구를 사귀라 그리하면 그 재물이 없어질 때에 그들이 너희를 영주할 처소로 영접하리라 지극히 작은 것에 충성된 자는 큰 것에도 충성되고 지극히 작은 것에 불의한 자는 큰 것에도 불의하니라 너희가 만일 불의한 재물에도 충성하지 아니하면 누가 참된 것으로 너희에게 맡기겠느냐"(눅 16:9-11). "세상의 염려와 재물의 유혹과 기타 욕심이 들어와 말씀을 막아 결실하지 못하게 되는 자요"(막 4:19).

"예수께서 눈을 들어 제자들을 보시고 이르시되 너희 가난

한 자는 복이 있나니 하나님의 나라가 너희 것임이요 지금 주
린 자는 복이 있나니 너희가 배부름을 얻을 것임이요 지금 우
는 자는 복이 있나니 너희가 웃을 것임이요 인자로 말미암아
사람들이 너희를 미워하며 멀리하고 욕하고 너희 이름을 악
하다 하여 버릴 때에는 너희에게 복이 있도다 그 날에 기뻐하
고 뛰놀라 하늘에서 너희 상이 큼이라 그들의 조상들이 선지
자들에게 이와 같이 하였느니라 그러나 화 있을진저 너희 부
요한 자여 너희는 너희의 위로를 이미 받았도다 화 있을진저
너희 지금 배부른 자여 너희는 주리리로다 화 있을진저 너희
지금 웃는 자여 너희가 애통하며 울리로다"(눅 6:20-25). 하나
님과 사람 사이의 중보자이신 메시아 그리스도는 이렇게 말
씀하셨다.

이 모든 가르침으로 부에 대해 우리가 더 지혜로워질 수 있
지 않을까? 여자에게서 난 자 중, 죄 없으신 유일한 분이 우리
기독교의 주관자이시다. 그리스도는 가난하게 사셨고 죽으셨
다. 그분은 의존함의 굴욕을 아셨고 몸소 느끼셨다. 각 나라의

과학, 문학, 철학, 시, 신앙의 역사가 보여 주듯이 하나님은 각 시대마다 '고결한' 가난에 대해 크게 칭찬하셨다. 그분은 가난한 자를 잿더미에서 들어 통치자들 사이에 앉히신다. 가난이 미덕은 아니다. 그러나 미덕의 놀라운 예들은 대부분 초라한 삶에서 생겨난다. 나태함, 사치, 낭비가 빚는 가난은 치욕스럽다. 왜냐하면 그 가난은 징벌이기 때문이다! 특별한 은혜를 입지 않는 한, 부는 그것을 소유한 모든 사람을 부패하게 만드는 강력한 선동자이다.

인류의 극소수만이 타인에게 선을 베풀기 위해 재력을 얻으려 일한다. 이것이 성경적인 삶이다. "도둑질하는 자는 다시 도둑질하지 말고 돌이켜 가난한 자에게 구제할 수 있도록 자기 손으로 수고하여 선한 일을 하라"(엡 4:28).

정치 경제를 거론하는 문인들 중 가장 냉철하고 심오한 한 사람이 여러 해 전 이런 말을 했다. "브리티쉬 포린 성서공회(the British and Foreign Bible Society)가 이삼십 년 동안 존재하면서 세상에 행한 직접적인 선행은, 인류의 형편을 개선시킨다는 동일한 목적을 가지고 한 세기 동안 유럽의 모든 수상들이 행한 모든 정책들보다 더 큰 영향을 미쳤다." 아! 각처의 사람들이 지칠 줄 모르는 선행으로 감화되었다면. 한시적인 인생에 주어진 행복을 누리는 것에 만족하지 않는 선행으로 나아갔다면. 인접한 지역의 국한된 비좁은 활동영역에 만족하지 않고, 한 나라와 한 세대라는 한계를 벗어나 그 지경을 더 넓히기 위해 활발히 애쓰며 지칠 줄 모르는 선행으로 붙들고 뻗어나갔다면. 만약 모든 사람의 성품이 이러했다면, 모든 세대에 걸쳐 탐욕을 저지하고 욕망을 누그러뜨리는 설교를 할 필요가 없었을 것이다. 그리고 인간의 희망사항은 거룩한 자족이라는 범주 안으로 들어올 것이다. 선행하기에 헌신된 사람들은 대개 쾌활하고 행복한 족속들이다.

세상의 명예, 지위, 신분에 대하여

지혜로운 사람이 자신의 처지에 자족하기 위해서는 많은 말이 필요 없다. 대중의 찬사만큼 변덕스러운 것이 어디 있겠는가? 오늘, 사람들의 입에 오르며 환영의 외침을 듣던 자의 이름이, 내일은 야유와 비웃음거리가 된다. 예수님이 예언대로 승리 중에 예루살렘에 입성하실 때, 종려나무 가지를 길에 펴고 "호산나 찬송하리로다 주의 이름으로 오시는 이 곧 이스라엘의 왕이시여"(요 12:13)라고 외치던 바로 그 군중이 삼 일 만에 "이 사람을 없이 하고 십자가에 못 박게 하소서 십자가에 못 박게 하소서"라고 고함지르지 않았는가? 선지자들을 살해한 바로 그 도시가 또한 그들의 묘비를 세우지 않았는가?

여론은 버릇처럼 끊임없이 바뀐다. 사람은 변덕스럽다는 것에 변함이 없다. 설사 대중의 지지가 굳건하다 한들, 한 번 획 부는 바람에 불과하지 않은가? 그런 것이 누구에게 좋은 영향을 미치겠는가? 타인의 '근거 없는' 찬사는 아첨일 뿐, 우리를 현혹하여 자기기만과 멸망에 이르도록 한다. 만약 정당하게 '받을 만한' 찬사라면, 구태여 남들이 알리지 않아도 나팔 불지 않아도 우리 자신의 미덕을 곧 충분히 알게 될 것이다. 역사상 가장 훌륭했던 위인들은 사악한 자라 하여 버림받았고, 동시대인들로부터 환대보다는 혐오를 받기에 비일비재했다. 많은 경우 그들은 동시대인들의 증오 가운데 사망했다.

최고의 이름을 가진 자가 흰 돌을 받을 것이다. "흰 돌을 줄 터인데 그 돌 위에 새 이름을 기록한 것이 있나니 받는 자 밖에는 그 이름을 알 사람이 없느니라"(계 2:17). 세상의 총애를 구하지 말라는 경고를 우리는 얼마나 자주 듣는가. 영국 의회의 의원석을 두고 역사상 큰 선거를 하던 중 한 후보자가 급작스럽게 사망하는 사건이 있었다. 당시 생존자 버크의 말은 이제 속담이 되었다. "우리는 한낱 그림자가 아니고 무엇인가. 그리고 우리가 좇는 것도 그림자가 아니고 무엇인가!"

쾌락에 대하여

세상의 쾌락을 다 누려보지 못했기 때문에 아직 자족하지 못한다고 말하는 이들이 많다. 올바른 원천에서 오는 즐거움을 제외한 모든 쾌락이 쓰라림을 남긴다는 것을 이들은 모르는 것일까? 하나님과의 교제에는 질리지 않는 기쁨이 있다. "향락을 좋아하는 자는 살았으나 죽었느니라"(딤전 5:6). 세상의 쾌락이 많으면 많을수록 행복은 덜하기 마련이다. 쾌락이 많으면 많을수록 죄 또한 더 많다. 쾌락이 많으면 많을수록 마지막 심판은 더 끔찍하다. 존 번연은 이렇게 말했다. "세상의 진미를 탐닉하는 식도락가는 바로 그 피조물들로부터 언젠가 자신이 고발당할 것에 대해 생각하지 못한다." 죄의 쾌락은 한 순간이고, 그 순간은 매우 짧다. 식탁의 쾌락에는 종종 처참한 질병과 비통함이 따라온다. 감각의 쾌락은 영구한 즐거움을 주기에 전적으로 불충분하다. "눈은 보아도 족함이 없고 귀는 들어도 가득 차지 아니하도다"(전 1:8).

자족은 가장 지당한 의무이다. "들으라 너희 중에 말하기를 오늘이나 내일이나 우리가 어떤 도시에 가서 거기서 일 년을 머물며 장사하여 이익을 보리라 하는 자들아 내일 일을 너희가 알지 못하는도다 너희 생명이 무엇이냐 너희는 잠깐 보이다가 없어지는 안개니라 너희가 도리어 말하기를 주의 뜻이면 우리가 살기도 하고 이것이나 저것을 하리라 할 것이거늘 이제도 너희가 허탄한 자랑을 하니 그러한 자랑은 다 악한 것이라"(약 4:13-16).

나의 인생을 나 스스로 결정하고 통제할 수 없다는 것이 우리에게 가장 큰 행복이다. 나의 건강, 안락, 성공, 재산, 명성, 즐거움에 대해 우리는 깊이 염려한다. 그러나 그것들을 지혜롭게 통제하는 데 적합한 인물이 나 자신일까? 만약 하나님께서 내가 내 뜻대로 하게 하신다면 과연 우리는 만족할 수 있을까? 나의 욕망들이 곧 염려와 문제들과 슬픔에 잠겨 익사하지 않을까? 줄기차게 건강하기만 한 것이 나에게 최선일까? 몸이 아파보지 않고는 내가 유한한 존재라는 것을 스스로 잊어버릴지도 모른다. 언제, 얼마나 길게, 얼마나 심하게 아플 것인지를 스스로 결정해야 한다면, 경건한 사람에게 이는 일평생 아픈 것보다 진정으로 더 고통스러운 일이 될 것이다.

현재보다 부유한 환경은 우리를 몰락하게 할 수도 있다. 좀더 안락함은 끔찍한 병약함이나 질병에 시달리게 할 수도 있다. 죄악 된 투덜거림으로 당신의 처지를 악화시키지 말라! 나의 인생을 스스로 관리할 만큼 우리는 충분히 지혜롭지 못하다. "걸음을 지도함이 걷는 자에게 있지 아니[함]"(렘 10:23)은 우리를 향한 자비이다. 인간의 지식은 무지이고, 인간의 신중함은 어리석음이고, 인간의 힘은 약함이며, 인간의 미덕은 가

날폰 갈대이다.

하나님은 당신에게 어떤 불법도 행하지 않으시면서 당신의 욕망을 거스르실 수 있다. 우리의 의지는 한낱 죄인의 의지이다. 때때로 하나님은 뭔가 새로운 것, 뭔가 다른 것을 원하는 우리의 욕망을 채워 주심으로 우리를 시험하신다. 그리고 그 결과는 대체적으로 좋지 않다. "내가 분노하므로 네게 왕을 주고 진노하므로 폐하였노라"(호 13:11). 우리는 배고플 때보다 배부를 때 더 잘못하기 일쑤이다. "그런데 여수룬이 기름지매 발로 찼도다 네가 살찌고 비대하고 윤택하매 자기를 지으신 하나님을 버리고 자기를 구원하신 반석을 업신여겼도다"(신 32:15). 히스기야는 생명을 간절히 소원했고, 하나님은 그에게 십오 년을 더해 주셨다. 그러나 그 기간 동안 그는 크게 잘못을 범했고, 그의 이름에 슬픈 얼룩을 남기고 말았다. 사람은 자신의 평안, 명예, 혹은 유익함을 넘어 너무 오래 살 수도 있다. 당신의 희망사항이 언제나 지혜로운 것은 아니다.

아이가 아프자, 아이의 엄마는 정신을 차릴 수가 없었다. 금식하다, 실신하다, 흐느껴 울다, 부르짖기를 반복했다. 하나님은 아이 엄마의 원대로 아이의 건강을 회복시켜 주셨다. 그런데 장성한 아이는 강력 범죄를 저지르고 구속되어 수감되었고, 유죄 선고를 받아 사형을 당했다. 아이의 엄마는 비탄에 빠졌다! 차라리 아이가 유년기에 죽었더라면 그녀의 고통은 덜하지 않았겠는가!

당신의 생각은 오산으로 가득하기 쉽다. 그러나 하나님은 당신을 포함한 만물을 다스리시기에 합당한 분이다. 하나님은 당신에게 무엇이 최선인지를 아시고, 당신이 얼마나 감당할 수 있는지를 아시며, 어느 때 미소가, 또 어느 때 치심이 당신에게 가장 도움이 되는지 아신다. 그분의 은혜는 광대하다. 그분의 진리와 권능과 지혜 역시 광대하다. 그분의 지휘 아래 모든 일이 옳게 풀린다. 그분은 절대로 기만당하지 않으시고 속지도 않으신다. 그분은 온유하며 친절하시다. "이는 그가 우리의 체질을 아시며 우리가 단지 먼지뿐임을 기억하심이로다"(시 103:14). 그분의 뜻은 거룩하고 정의로우며 선하다. 그분은 천대까지 자비를 베푸신다. 그분은 모든 세대에게 신실하시다. 우리는 여호와께서 우주를 다스리시는 것과 나를 다스리시는 것에 기뻐해야 한다!

지혜로운 자는 이 말씀대로 행할 것이다. "여호와를 의뢰하고 선을 행하라 그러면 안전하리라"(시 37:3). 하나님께서 "내가 결코 너희를 버리지 아니하고 너희를 떠나지 아니하리라"(히 13:5)고 말씀하셨기 때문이다. 얼마나 놀라운 약속인가! 얼마나 위대한 약속인가! 어떤 상황에서든 자족하는 것을 배우라. 어떤 복이 되었든 당신은 그 복을 받은 자일뿐 그 복의 주인이 아니다. 야망, 시기, 아집, 불안, 원망하는 심령이 생길 때면 단번에 제압하라. 하나님 안에 잠잠히 안식하라. 앞날이 지금을 충분히 설명해 줄 것이다. 하나님의 복된 약속들을 마음에 고이 간직하라. 주님께서 당신에게 믿음 더하시기를 쉬지 말고 간구하라. 알고 있는 모든 본분을 부지런히 행하고 각별히 가정의 의무를 다하라. 용기를 내라. 그러면 그분은 당신의 마음을 담대하게 하실 것이다.

하나님이 나를 잊으셨다고 하지 말라. 우리의 구세주와 하늘에 계신 아버지에 대한 모든 헛된 생각에 굴하지 말라. 당신의 처지에 자족하고, 결과는 모든 일을 그의 뜻의 결정대로 일하시는 분께 맞기라(엡 1:11). 그러면 당신은 안전히 걸을 것이며, 당신의 짐은 가벼울 것이고, 전능하신 하나님이 곧 당신을 부르실 것이다. "네 슬픔의 날이 끝날 것임이라"(사 60:20).

그러나 그 기쁨의 날이 도래하기 전에는 "우리가 세상에 아무 것도 가지고 온 것이 없으매 또한 아무 것도 가지고 가지 못"함을 기억하며, 주님 안에서 안식하고 인내하고 그분을 기다려야 한다(딤전 6:7). 사도 바울은 다음과 같이 말하며 가장 훌륭한 것을 이루어냈다. "내가 궁핍하므로 말하는 것이 아니니라 어떠한 형편에든지 나는 자족하기를 배웠노니 나는 비천에 처할 줄도 알고 풍부에 처할 줄도 알아 모든 일 곧 배부름과 배고픔과 풍부와 궁핍에도 처할 줄 아는 일체의 비결을 배웠노라 내게 능력 주시는 자 안에서 내가 모든 것을 할 수 있느니라"(빌 4:11-13).

홀은 이렇게 말했다. "어떤 사람이 부유하거나 명예가 있거나 나이가 지긋이 들고 싶어 한다면, 그는 자신의 욕망을 다스리기 위해서 자기 재산과 명예와 살아온 날들에 더 더하려고 애쓰지 말아야 할 것이다. 왜냐하면 그는 제일 많이 가진 것들에 대한 욕망이 제일 작다고 생각할 것이 분명하기 때문이다. 자신이 가져야 하거나 아직 갖지 못한 것에 대해서 비탄해 하거나, 아니면 웬만한 건 다 가져봐서 더 이상 가질 것이 없다며 통탄해 하는 거대한 나라의 왕보다, 그다지 가진 것도 없고 그 이상 더 바라지도 않는 가난한 사람이 진정으로 더 부유한 자이다. 사람들은 필요가 아닌 육신의 야욕을 가지고서 스스로를 못살게 고문한다."

4. 탐욕스런 세상에서 자족할 수 있는 세 가지 이유

탐욕스러운 자들에게 공통적으로 주어지는 것들을 보고, 그 앞에 우리가 흔들리지 말아야 할 세 가지 이유가 있다. 인류가 공통적으로 탐욕스러워 하는 것들이 나에게 많이 있지 않다 하더라도, 우리가 만족할 수 있는 데는 세 가지 이유가 있다.

첫째, 하나님은 보통 그분의 대적들에게 이 세상의 어마어마한 부와 명예와 쾌락을 주신다

이 땅에 하나님을 경외하는 권력자는 거의 없다. 기도를 사모하는 재벌도 별로 없다. '쾌락의 자녀들'은 절대 '하나님의 자녀'가 아니다. 하나님의 구원하시는 자비도 없고 그분의 얼굴을 평안 가운데 볼 수도 없는 자들에게 하나님이 으레 허용하시는 것들에 대해, 지혜로운 자는 상관하지 말아야 한다.

둘째, 탐욕스러운 자들은 비열한 기술로 부와 명예와 쾌락을 얻어 낸다

막대한 재산을 쌓고, 다수가 칭송하고, 쾌락의 도사라고 불리기 위해서는 미덕이 필요 없다. 재산과 칭송과 쾌락으로 저명해지는 대다수 사람들의 삶에서 중요한 요소는, 첫째로 하나님을 부정하고 무신앙에 헌신하는 것이다. 그들은 깨끗한 양심을 저버린다. 그들은 명예에 대해 잘도 운운하지만 흔히 명예는 거기에 없다. 만약 누군가 아부하고, 속이고, 거짓말하고, 횡령하고, 억압하고, 희롱하고, 자기 이기심이 지상 최고가 되게 하고, 정의의 요구와 공정한 지시와 자선의 긴급성을 거부하고 마음을 완악하게 하고, 모든 소유물을 꽉 움켜쥐고, 얻어 낼 수 있는 모든 것을 다 얻어 낸다면, 그는 부자가 될지도 모른다. 그리고 일단 부를 얻기만 하면 그를 칭송하는 소리를 할 사람들은 언제든지 끊이지 않을 것이다. 그렇게 그는 권력과 명성에 이르는 길을 돈과 아첨으로 살 것이다.

세상의 방법으로 성공한 사람들의 측근에 있던 자들의 관찰에 의하면, 탐욕스러운 자들은 미덕과 도덕성이 결핍되어 있다. 이것이 몇몇에게는 이상하게 여겨질지도 모르지만, 여러분 각자 자신의 지인 명단을 들여다보고 그렇지 않은지 확인해 보라.

셋째, 마음이 소란스럽고 탐욕스럽다면 당신은 무엇에도 행복하지 않다는 것이다

자족은 그 자체로 부요함이고, 명예이며, 기쁨이다. "노동자는 먹는 것이 많든지 적든지 잠을 달게 자거니와 부자는 그 부

요함 때문에 자지 못하느니라"(전 5:12). 페르시아 속담에 이런 말이 있다. "가난한 열 명은 한 돗자리 위에서도 평화롭게 잘 수 있지만, 두 명의 왕은 세상 땅의 사분의 일 위에서도 평화롭게 지내지 못한다." 또 한 시인은 이렇게 말했다. "자족은 재산이 거절한 곳에 왕관을 준다."

"자족하는 마음이 있으면 경건은 큰 이익이 되느니라"(딤전 6:6).

원망

제러마이어 버로스 (1599-1647)

THE MURMURING FROM THE RARE JEWEL OF CHRISTIAN CONTENTMENT

1. 원망함의 악화

원망하는 심령에 대해 논하는 것은 매우 힘든 일이므로 이 죄의 심각함을 숙고하기 위해서는 원망함이 악화시키는 것들을 살펴보아야 한다.

엄청난 자비를 입고도 원망하기

더 크고 더 막대한 자비를 입은 자일수록 그의 원망하는 죄는 더더욱 크고 끔찍하다. 예를 들어, 속박의 땅에서 막 구원받은 백성이 하나님께서 자신들이 원하는 모든 것을 갖추어 놓지 않으셨다고 하며 하나님을 원망하였다. 아! 대단한 자비를 입은 자가 하나님을 대적하는 죄를 짓는 것은 가장 가증스러운 일이다.

하나님의 긍휼히 여기심을 받은 자가 엄청난 자비를 즐기는 중에 만족하지 않는 것은 불만족과 원망의 죄를 가중시킨다. 괴로운 상황 중에 불만족하는 것도 죄이고 사악하지만, 하나님의 자비를 입고서도 불만족하는 것, 하나님의 측량할 수 없는 긍휼히 여기심 가운데 있으면서도 여전히 내가 갖지 못한 것으로 인해 불만족하는 것은 더 큰 죄악이다.

하나님이 우리나라를 향해 얼마나 자비를 베푸셨는지를 생각해 본다면, 내 개인적인 고통에 대해 불만인 죄가 얼마나 무거운지 알 것이다. 주님께서 나라를 향해 그렇게 자비로우신데도, 내 가족이 원하는 모든 안락함을 얻지 못했다고 안달하며 원망하겠는가? 또는 환란 가운데 있는 교회를 보면서, 나의 개인적인 안락함으로 몹시 즐거워한다면 그 악함이 심히 가중될 것이다. 이처럼 온 나라가 비통하여 어려움으로 고통받고 있을 때, 자신의 육체적 외적 환락들만을 추구한다면 그의 죄는 심히 무거워질 것이다. 또 그와 반대로 교회와 나라가 번영하는데, 이에 감사하지 않고 오직 자신의 사적인 고통으로 과도하게 고뇌한다면 그의 죄 또한 크게 가중될 것이다.

당신과 당신의 가족을 향한 하나님의 자비를 보라. 당신은 분명 고통보다 자비를 훨씬 더 많이 입은 자이다. 당신의 괴로움을 하나님의 섭리에 맞기라. 우리가 받은 고통보다 입은 긍휼하심이 훨씬 많다는 것을 기억해야 한다.

당신은 이렇게 말할 것이다. "맞아요. 하지만 당신은 내가 어떤 고통을 당하고 있는지 몰라요. 당신은 나의 고통을 겪어 보지 않았잖아요."

나는 당신의 고통이 구체적으로 어떤지 알지 못하지만, 당신이 받은 자비에 대해서는 안다. 그리고 그 자비가 얼마나 굉장한지 알기에, 이 세상의 그 어떤 고통도 당신이 가진 자비만큼 대단할 수 없다는 것에 확신한다. 지금까지 누린 자비가 그저 구원의 은혜 밖에 없다 할지라도, 그 자비의 무거움 옆에서는 어떤 고통도 그 무게를 잃을 것이다. 하나님의 자비는 그 어떤 고통보다 분명히 더 위대하다. 하물며, 당신이 사고하고, 팔다리의 감각들을 사용하고, 건강한 몸을 가지고 있다는 것만으로도 이미 당신의 고통들보다 자비가 더 크다는 것이 드러난다.

자비를 받은 자가 불만의 죄를 지을 때 성령님이 어떻게 그 죄를 가중시키시는지 성경에서 볼 수 있다. "모세가 또 고라에게 이르되 너희 레위 자손들아 들으라(여기서 '너희'가 레위 자손들이라는 것에 주목하라) 이스라엘의 하나님이 이스라엘 회중에서 너희를 구별하여 자기에게 가까이 하게 하사 여호와의 성막에서 봉사하게 하시며 회중 앞에 서서 그들을 대신하여 섬기게 하심이 너희에게 작은 일이겠느냐"(민 16:8-9).

고라와 그의 무리들은 원망을 하고 있었다. 하나님이 자신을 섬기도록 구별하시고, 그분과 가까이 하게 하시고, 거룩한 것으로 회중을 섬기게 하신 것은 굉장한 영광이요, 자비이다. 그러한 자비를 받은 사람이라면, 어떠한 고통을 가지고도 원망하는 마음이 있어서는 안 된다고 생각할 정도의 자비이다.

하나님의 종들 가운데 다수가 심령의 고통을 받으며 비통할 만한 역경을 겪는 것은 사실이다. 그러나 하나님께서 나로 인해 즐거워하신다는 사실, 그리고 하나님을 가까이서 섬기는 일에 나를 사용하신다는 사실, 비록 나에게는 직접적인 선이 없다 하더라도 이웃들에게 선을 미칠 수 있다는 사실이 나로 잠잠하게 해야 한다. 이어지는 10절은 이렇게 기록한다. "하나님이 너와 네 모든 형제 레위 자손으로 너와 함께 가까이 오게 하셨거늘 너희가 오히려 제사장의 직분을 구하느냐 이를 위하여 너와 너의 무리가 다 모여서 여호와를 거스르는도다 아론이 어떠한 사람이기에 너희가 그를 원망하느냐"(16:10-11). 당신은 이미 충분히 소유하고 있지 않은가? 그런데도 여전히 가진 것으로 불만이고 더 가져야만 하겠는가?

두 번째 성경구절은 욥기 2장 10절이다. 욥의 아내가 원망보다 한 술 더 떠서 욥에게 하나님을 욕하고 죽으라고 할 때 욥이 한 말이다. "그대의 말이 한 어리석은 여자의 말 같도다 우리가 하나님께 복을 받았은즉 화도 받지 아니하겠느냐"(욥 2:10). 보다시피 욥은 하나님의 방법을 거스르는 모든 원망의 생각을 그가 하나님께 받은 많은 복을 생각하며 이겨냈다. 화를 받으면 어떠한가, 우리는 화뿐 아니라 복도 받지 않는가? 우리는 이 두 가지를 병행하며 생각해야 한다. 그것이 우리가 갈 길이다.

전도서 7장 14절은 원망하는 마음이 들 때 우리가 어떤 조치를 취해야 하는지를 보여 주는 중요한 성경구절이다. "형통한 날에는 기뻐하고 곤고한 날에는 되돌아보아라." 무엇을 되돌아보아야 할까? 이어지는 말씀을 잘 새겨들어 보자. "이 두 가지를 하나님이 병행하게 하사 사람이 그의 장래 일을 능히

헤아려 알지 못하게 하셨느니라." 번영할 때는 누구든지 기뻐할 수 있겠지만, 만약 환란이 닥친다면 당신은 어떻게 하겠는가? 그때는 "이 두 가지를 하나님이 병행하게" 하셨음을 되돌아보라. 당신에겐 많은 고난이 있다. 그런데 당신은 자비도 많이 받았다. 받은 자비를 한 줄로 나열하고, 또 고통을 한 줄로 나열해서 써보자. 그리고 하나님께서 채워 주신 자비의 리스트를 살펴보자. 고통의 리스트만 골똘히 보지 말고, 자비의 리스트도 관심 있게 보자.

예를 들어 당신에게 두 명의 자녀가 있다고 하자. 하나님은 한 자녀를 통해서는 고통을, 또 다른 자녀를 통해서는 자비를 주실 수도 있다. 하나님은 압살롬을 통해 다윗에게 고통을 주셨지만, 그와 대조적으로 솔로몬을 통해서는 자비로우셨다. 그러므로 다윗이 "압살롬 내 아들아 내 아들아!"(삼하 18:33)라고 울부짖을 때, 이를 보았다면 그는 잠잠했을 것이다.

하나님은 아내나 남편을 통해서도 당신에게 자비로우실 수 있다. 그 점을 당신의 고통과 비교하라. 당신의 소유를 가지고 하나님이 당신의 계획을 거스르시더라도 잠잠하라. 이를 통해 하나님은 당신이 그분을 섬기도록 하시는 것이다. 당신에게 고통을 주는 친구들이 있다면, 또한 당신에겐 큰 자비와 같은 친구들도 있을 것이다. 우리가 이 두 가지 사실을 반드시 동시에 바라보아야 하는 이유는, 하나님께 받은 그 자비로운 일들이 당신의 죄를 가중시키는 것이 아니라 삭감케 하는 것이 하나님의 뜻이기 때문이다!

작은 일들로 원망하기

나아만의 종은 그에게 말하기를, "내 아버지여 선지자가 당신에게 큰 일을 행하라 말하였더면 행하지 아니하였으리이까 하물며 당신에게 이르기를 씻어 깨끗하게 하라 함이리이까"라고 했다(왕하 5:13). 만약 주님이 당신에게 큰 고통을 당하라고 하셨다면, 당신은 그 고통을 감수하려 하지 않겠는가? 하물며 작은 일은 얼마나 더 그리해야겠는가!

하나님께서 한 여인에게 사지와 오장육부가 건강한 자녀를 주셨다고 하자. 외모도 매우 준수하고 훌륭한 재주들과 재치와 총명을 가진 아이이다. 그런데 그 아이의 손가락에 사마귀가 생기자, 아이의 어머니가 그것을 놓고 원망을 한다고 하자. 아, 여인에게 얼마나 큰 고통인지 모른다! 여인은 그 사마귀에 너무 전념한 나머지 아이에 대해 어떤 감사도 하나님께 전혀 드리지 않는다. 그 아이를 통해 하나님께서 여인에게 행하신 모든 선하심이 사마귀에 다 삼켜져 버린 것이다! 당신은 이 여인의 행위를 보고 "어리석다, 매우 큰 죄악이라"고 말하지 않겠는가? 진실로 옳게 따져 본다면, 고통은 우리가 받은 자비에 비해 아무것도 아니다.

아이를 무척 갖고 싶어 했던 리브가가 임신을 하였는데, 임신 중에 태에 작은 이상이 있자, "이럴 경우에는 내가 어찌할꼬?"(창 25:22)라고 했다. 약간의 문제와 아픔 때문에, 마치 "차라리 뱃속에 아무도 없었으면 좋겠다"는 식으로 말했던 것이다. 이 세상에서 짊어질 수 있는 가장 무거운 십자가를 진다 하여도 원망하지 말아야 할진데, 소소한 것들을 가지고 불만하고 원망한다면 그 원망의 죄는 매우 가중될 것이다.

하나님께 지혜와 은사와 재능을 받은 자가 불만족하고 원망하는 것은 그렇지 않은 자의 원망보다 더 악하다

원망과 불만족은 악하지만, 약한 자들이 어쩌다 그러는 것에 대해 우리는 견딜 수 있다. 그러나 명철하고 지혜로운 자들, 하나님께서 공적인 사역에 쓰시는 자들이 받은 그 모든 것에도 불구하고 원망한다는 것은 극도로 사악한 일이다.

하나님의 자비는 우리에게 값없이 주어진다

우리는 나에게 없는 것은 다 갖고 싶어 한다. 내가 현재 가지고 있는 것도 모두 값없이 받은 것임을 알면서도! 만약 내가 가진 것들이 대가로 얻은 것이라면 또 모르지만, 모두 하나님께 거저 받은 것이라는 점을 감안할 때(고전 4:7), 그분의 베푸심을 두고 원망하는 것은 매우 악하다. 만약 친구 집에 초대를 받아 대접을 받는데, 그 집에 있는 모든 것(하인들, 테이블에 있는 고기 등)을 가지고 트집을 잡을 기세로 거기에 앉아 있다고 생각해 보자. 말도 안 될 말이다. 풍성한 식사를 무료로 대접받으면서, 물 컵에 내가 원하는 만큼의 물이 담겨 있지 않다고, 음식은 또 왜 이렇게 늦게 나오냐고 불만을 토한다면, "그 사람, 참 나쁘다"고 말할 것이다. 우리도 마찬가지다. 우리는 하나님의 식탁에 앉아 있다. 그리고 우리가 가진 것은 무엇이든 공짜로 받은 것이다. 정욕으로부터 해방되어, 하나님의 모든 운영하심이 드러나는 그분의 식탁에 앉아서, 불만족하며 트집 잡는 것은 우리의 죄를 대단히 가중시킨다.

없어서 불만이던 것을 가진 뒤에도 불만이고 안달하기

종종 어린아이들을 보면 그렇다. 뭔가를 달라며 울고 있는 아이에게 원하는 것을 손에 쥐어 주면 그걸 던지면서 계속 우는 경우가 있다. 원하는 것을 받기 전이나 받은 후에나 여전히 불만이다. 이스라엘 백성도 그랬다. 다른 것은 다 소용 없고 왕이 있어야만 그들을 잠잠케 할 수 있다고 했다(삼상 8:19). 사무엘은 그들이 어떤 왕을 갖게 될지를 말하며 설득하였다. 하지만 왕이 생겼는데도 그들은 여전히 만족하지 않았다(호

10:3). 라헬은 꼭 자식을 낳아야지 아니면 죽겠다고 했지만(창 30:1), 약간의 문제가 생기자 역시 불만이었다. 우리는 배가 불러도 밥을 굶어도 불만이다.

낮은 자리에서 들어 올리셨는데도 불만족하기

누구나 침체된 기분을 경험한 적이 있을 것이다. 그리고 너무 침체된 나머지 이렇게 말할 수도 있다. "아, 하나님께서 날 이런 고통에서 구해 주신다면, 조금만 더 부유하게 해 주신다면 난 괜찮아질 텐데." 하지만 만약 하나님께서 당신을 그분의 섭리에 따라 높여 주신다 하여도 여전히 당신은 더 얻기 위해서 탐욕하고 전처럼 불만일 것이다.

자녀가 아버지 집에서 불만족하는 것은 안 될 말이다. 만약 가난한 거지 아이를 집에 들이고 식탁에 앉혔는데, 그 아이가 음식이 맛이 없다고 불평한다면 당신은 견딜 수 있겠는가? 당신의 자녀들이 그러는 것도 견디기 어려울 텐데, 차라리 데리고 온 아이보다 자녀들에게서 그런 말을 듣는 것이 훨씬 쉬울 것이다. 당신은 가난한 거지다. 그리고 하나님께서는 당신을 그분의 위대한 가족으로 맞아 들이셨다. 주님이 당신을 더 높이기를 기뻐하셔서 당신의 자리에서 그분을 섬길 수 있게 하셨다. 그런데도 현재 당신이 바라는 모든 것을 다 갖지 못했다고 불만족하겠는가?

우리는 탕자가 제정신이 들어 돌이켰을 때, "내 아버지 집에는 얼마나 양식이 풍족한가"라고 말한 것을 안다(눅 15:11-32). 그는 "진수성찬이 어마어마하다"고 하지 않았다. 아니, 그는 진수성찬은 생각도 없고 오직 먹을 만한 것을 생각했다. 비천한 형편에 처했을 때 많은 이들이 흔히 이렇게 생각한다. 조금의 양식과 능력만 있다면 내가 만족하고 하나님을 송축할 것이라고. 그러나 그렇게 생각하던 자들이 양식을 얻고 여러모로 편리해지면, 무언가를 더 원하고 또 그것을 갖지 못하면 만족하지 못한다. 이는 불만족의 죄를 극도로 가중시킨다. 곧 매우 비천한 자리에서 높임을 받고도 받은 것으로 만족하지 못하는 것이다.

매우 심각한 죄의 죄책 아래 있었으며, 최악으로 고약한 죄를 지어 하나님의 정의로운 형벌에 처할 위기에 놓여 있었지만, 하나님께서 용서하기를 기뻐하셔서 죄 사함 받은 자들이 하나님의 주관하심에 불만을 품는 것은 지극히 사악하다. 아, 이를 생각한다면 우리 마음속의 어떤 원망도 잠잠해질 것이다. "우리는 그저 죄인일 뿐이다. 죄인이 고통받는 것은 너무도 당연한 일이 아니겠는가?" 그렇게도 극악한 죄를 짓고, 그렇게도 심각한 죄인들이었던 우리가, 현재 지옥 바깥에 있다는 경이로운 일을 생각해 보라. 불만을 품고 원망하는 것은 우리 죄를 최대로 늘리는 일이다! 나의 죄를 가지고 내가 하나님을 어떻게 대적했었는지 되돌아보라. 하나님께서 고통으로 우리를 막으실 때 원망 없이 잠잠히 앉아 있어야 하지 않겠는가? 하나님이 주관하시는 방법에 불만을 품는 것은, 당신이 범한 가지각색의 죄악대로 굴욕당하는 것이 어떤 것인지 모르기 때문임이 분명하다!

세상에서 유용함이 적은 자들이 불만족하기

당신에게 무척 쓸모 있는 짐승이 있다면, 당신은 그 녀석을 잘 먹일 것이다. 하지만 당신에게 그 녀석이 별 쓸모가 없다면 푸대접할 것이다. 쓸모없기 때문에 먹을 것도 초라할 것이다. 만약 하나님과 그분의 교회에게 우리가 대단히 쓸모 있게 산다면, 하나님께서 우리를 격려하기를 기뻐하실 것이다. 그러나 우리가 하나님을 섬기는 일에 소홀할 때 하나님도 우리를 소홀히 대하시는 것에 대해 우리의 양심은 무어라 말하겠는가? 행함에 따라 우리는 공급받는다. 하나님께 별 소용없는 자에게 왜 다른 피조물들이 도움이 되겠는가? 이 점을 숙고하는 것만으로도 우리에게 많은 도움이 된다.

하나님이 낮추시려 할 때 불만족하기

그리스도인이라면 하나님이 그를 보살피시는 것에 주시해야 한다. 하나님께서 나를 긍휼히 여기실 때 나도 그분의 일에 동참하여 그분이 베푸시는 자비를 받자. 하나님께서 나를 낮추시려 할 때 하나님의 그 일에 나도 역시 동참하자. 이것이 그리스도인이 하나님과 동행하는 법이다. 하나님과 동행한다는 것은 무엇일까? 곧 하나님께서 지금 어떤 일을 하시는지 주시하고 그 일에 동참하는 것이다. 따라서 하나님께서 이쪽으로 저쪽으로 방향을 바꾸실 때마다 나의 마음이 하나님과 함께 방향을 바꾸고, 하나님이 나를 대하시는 법에 합당한 자세를 가져야 한다.

자, 지금 고통 중에서 불만하고 원망하는 가운데 있다면, 당신이 고통받는 이유는 이렇다. 하나님이 당신을 낮추시려 하는 것이다. 하나님이 당신에게 주시는 고통의 대단한 계획은 당신의 마음이 깨지고 겸손하게 하시기 위한 것이다. 그렇다면 당신은 하나님의 일에 상당히 반발하는 심령으로 남아 있겠는가? 당신이 원망하고 불만을 품는 것은 하나님의 일에 대항하는 것이다!

하나님의 손으로부터 오는 고통임이 분명할수록 그 고통 중에 원망하는 죄는 더 크다

누구도 상상하지 못한 놀랄만한 방법으로 주님께서 고통을 통해 일하시는 것을 본다면, 내가 그러한 하나님의 손을 저항해야겠는가? 물론 하나님의 뜻이 분명히 드러나기 전에 우리는 고통을 피하려 할 수도 있고 그러기 위해 방법을 동원할 수도 있다. 그러나 하나님께서 통상적인 방법을 너머서 하늘로부터 나타내시는 방법으로 그분의 뜻을 드러내신다면, 우리는 마땅히 그 앞에 엎드려 복종하고 하나님이 강력한 물결로 우리를 치실 때 반대하지 않는 것이 옳다.

일상적인 어투로 자녀들이나 직원들에게 말할 때, 그들이 당신의 말에 귀 기울이기를 바랄 것이다. 그런데 당신 앞에 긴장하여 세워 두고 평상시보다 무거운 어투로 말하는데도, 그들이 당신의 말을 무시한다면 인내하기 매우 힘들 것이다. 마찬가지로 하늘로부터의 예사롭지 않은 방법으로 하나님께서 당신에게 고통을 주실 때 우리가 그 앞에 복종하지 않는다면, 하나님이 우리의 그런 모습을 좋게 보실 리가 없다.

멍에가 처음 씌워진 암송아지는 위로 아래로 꼼지락거리며 가만히 있지를 못한다. 그런데 수개월 수년이 지나서도 잠잠해지지 않는다면, 농부는 그 암송아지로 속 썩느니 차라리 그 녀석을 살찌워 도살장으로 보낼 것이다. "무릇 징계가 당시에는 즐거워 보이지 않고 슬퍼 보이나 후에 그로 말미암아 연단 받은 자들은 의와 평강의 열매를 맺느니라"(히 12:11). 우리의 고통이 즐겁지 않고 비통한 것은 사실이다. 처음 고통을 당할 때는 아주 비통하지만, 후에는 그 고통을 통해 의와 평강의 열매를 맺게 된다. 고통이라는 학교를 오랜 세월 다니고 있는데도 자족을 아직 배우지 못했다면, 당신은 정말 굼벵이다. 사도 바울은 "어떠한 형편에든지 나는 자족하기를 배웠노니"라고 했다(빌 4:11). 사도 바울은 자족의 가르침을 빨리 배웠다. 그런데 당신은 수년이 지나도록 아직도 배우고 있다!

새 수레는 처음에 삐걱대고 소리를 내지만, 어느 정도 사용하다보면 삐걱거리는 소리가 점점 사라진다. 이제 막 그리스도인이 된 사람은 소리도 지르고 고통을 견디기 어려워할 수 있다. 그러나 그리스도인으로서의 세월이 오랜 당신이 여전히 원망하는 그리스도인이길 원하는가? 아, 누가되었든 예수님의 학교에 오래 다닌 사람이 원망하는 심령을 가졌다는 것은 수치스러운 일이다.

2. 원망하는 마음이 대는 핑계들

형제들이여, 불만족의 성미는 매우 고치기가 힘들고 어렵다 (불만인 사람이 그 불만을 토로하지 않는 경우는 없다). 따라서 갖가지 불만을 품은 마음이 자기 자신에게 하는 말들을 제거하기 바란다.

"나는 불평하는 게 아니라, 단지 내 형편을 직시할 뿐이야"

가령 하나님이 나의 친구나 지지자를 데려가시면, 우리는 마치 모든 것이 끝장난 것처럼 절망에 부들부들 떤다. 그리고 누군가 말을 걸려고 하면, "내 고통에 합당하게 행동해야 하지 않겠어?"라고 한다. 하나님의 다스리심 아래 원망하는 죄를 "고통에 합당한 행동"이라는 말로 숨기려고 한다. 그런 모습에 나는 이렇게 답해 주고 싶다.

첫째, 하나님의 자비를 깨닫는 것을 막을 만한 고통의 깨달음은 없다. 아니, 우리가 고통을 깨달으면 깨달을수록, 은혜로운 방법을 통해 우리는 하나님의 자비를 더 깨닫게 된다. 그러나 당신은 오직 당신의 고통에만 너무 민감한 나머지 모든 자비를 깨닫는 기회를 빼앗기고 있다!

둘째, 고통을 단순히 지각하는 것에 그치는 의미 없는 깨달음이 아니라면, 그 고통은 당신의 형편에서 맡은 본분을 수행하는 것에 방해가 될 수 없다. 고통을 옳게 지각하는 것은 우리 형편의 본분을 수행하는 것을 결코 막지 않는다. 그러나 당신은 오직 당신의 고통에만 너무 민감한 나머지 하나님이 허락하신 자리에서 당신이 해야 할 본분을 행하지 못하고 있다. 이는 당신의 고통을 의미 없이 지각하는 것 그 이상이다!

셋째, 고통에 대한 의미 없는 깨달음이 아니라면, 다른 이들이 받은 자비를 보고 하나님을 송축할 수 있을 것이다. 그러나 당신의 불만이 낳는 것은 대개 다른 이들에 대한 시기이다. 사람은 자기 처지에 대해 불만일 때, 고통에서 해방된 이들의 형편을 시기하는 경향이 있다. 오직 고통에 민감할 뿐 자비에는 무지각한 나머지, 나만큼 고통당하지 않는 자들을 시기하고, 나의 자리에서 마땅히 행할 본분을 행하기에 부적합해진다. 이는 당연히 틀어진 마음이다.

"나는 고통 때문에 힘든 것이 아니야. 내가 겪는 고통보다는 나의 죄 때문에 힘든 거야"

스스로 기만하지 말라. 이는 엄청난 거짓이다. 하나님의 손이 치실 때 많은 사람들이 자신의 죄로 인해 괴롭다고 말한다. 그러나 진실은 나의 '죄'보다 당하는 '고통'이 우리를 힘들게 하는 것이다.

첫째, 고통이 찾아오기 전에 자신의 죄를 자각하고 그로 인해 힘들어할 이는 결코 없다. 당신은 이렇게 말할 것이다. "그런 적이 없다는 것은 사실이야. 내 번영한 삶이 나를 눈멀게

했기 때문이야. 하지만 하나님께서 이 고통으로 나의 눈을 뜨게 하셨어." 정말로 깨달았는가? 그렇다면 당신의 중대한 관심사는 고통보다 자기 죄를 없애는 데에 있어야 한다. 당신은 나의 고통을 없애 달라는 기도보다 나의 죄를 없애 달라는 기도를 더 많이 하고 있는가?

둘째, 만약 당신을 힘들게 하는 것이 당신의 죄라면, 하나님께서 고통을 없애 주시더라도 죄가 사라지지 않는 이상 당신은 자족할 수도 만족할 수도 없다. 그러나 하나님께서 눈앞의 고통을 치워 주시면 대체로 우리는 죄에 대해 힘들어 하던 것도 사라진다.

셋째, 만약 당신이 죄 때문에 힘들다면, 고난 가운데 죄를 짓지 않으려는 것이 당신의 중대한 관심사일 것이다. 당하는 고난 때문에 죄를 더 짓지 않으려고 할 것이다. 하지만 진실은 당신이 고난 가운데 힘들어하는 그 태도가 죄를 더 짓게 만드는 종류의 자세라는 것이다. 그리고 당신 말대로 죄 때문에 힘들어 하는 것이라 한다면, 당신은 그 말을 하기 전보다 죄를 더 지은 셈이다!

"그게 나를 힘들게 하는 거야. 하나님께서 버리시는데 조용할 사람이 어디 있겠어?" 나의 대답은 이렇다.

첫째, 하나님이 고통을 주실 때마다 하나님이 당신을 떠나셨다고 결론 내린다면, 그것은 하나님을 욕보이고 하나님의 성령을 근심하게 만드는 죄악 된 마음의 병이다. 출애굽기 17장 7절에서 이러한 병을 하나님이 얼마나 기뻐하시지 않는지 우리는 볼 수 있다. "그가 그 곳 이름을 맛사 또는 므리바라 불렀으니 이는 이스라엘 자손이 다투었음이요 또는 그들이 여호와를 시험하여 이르기를 여호와께서 우리 중에 계신가 안 계신가 하였음이더라." 이들이 하나님을 원망한 이유가 고통을 받았기 때문이라는 점을 주목하라. "그들이 여호와를 시험하여 이르기를 여호와께서 우리 중에 계신가 안 계신가 하였음이더라." 이들은 하나님을 시험하고 있다.

우리는 종종 나에게 닥친 고통 때문에 하나님이 나를 떠나셨다고 하며 두려워한다. 부디 이 말씀을 주시하기 바란다. 하나님이 고통을 주실 때 하나님께서 나를 떠나셨다고 결론 내리는 자를 하나님은 곧 "여호와를 시험"하는 자라고 말씀하신다. 아버지가 자녀를 훈계한 것으로 인해 그 자녀가 소리를 지르며 아버지가 이제 나의 원수가 되었다고 한다면 이는 나쁜 것이다.

둘째, 만약 하나님이 떠나셨다면, 그토록 불안해하는 당신의 그 모습이 하나님이 떠나신 것의 가장 큰 신호일 것이다. 만약 그 불안함을 극복할 수만 있다면, 하나님의 임재하심을 느낄 수 있을 것이다. 당신의 불안함이 그분으로 당신에게서 멀어지게 한다. 그리고 고통 아래에서 당신의 마음이 잠잠해지기 전까지는 하나님께서 당신의 영혼에 평온하게 나타나시기를 결코 기대할 수 없다. 당신은 "내가 잠잠하지 않은 것은 하나님께서 나를 떠나 버리셨기 때문이다"라고 생각한다. 그러나 그 반대로 생각하라. "내가 불안해하는 것이 하나님과 멀어지게 만들었구나. 만약 하나님의 임재하심이 다시 한 번 내게 온다면 하나님의 다스리심 아래 잠잠해야겠다."

셋째, 고통 중에 있는 당신을 두고 정말 하나님이 떠나셨는가? 그래서 당신도 역시 하나님을 떠나려는가? 그게 당신에게 도움이겠는가? 그런 방법으로 스스로 해결할 수 있는가? 하나님이 떠나셨으니 당신도 떠나겠는가? 이 얼마나 지혜롭지 못한 결정인가? 앞으로 먼저 가버린 엄마를 보면서, 아이가 "우리 엄마가 날 버리고 갔버렸으니까 난 달리 나의 갈 길을 찾아 갈 거야"라고 할 수 없는 것이다. 아니다. 아이는 엄마 뒤를 울며 쫓아간다. 마찬가지로 우리 영혼 또한 "주님께서 임재하심을 내게서 거두시는구나. 그러니 난 이제 주님을 온 힘을 다해 따르는 것만이 살 길이야!"라고 해야 한다.

"사람들이 나를 매우 비합리적이고 부당하게 대할 때 어떻게 견뎌야 할지 모르겠어"

"하나님이 나를 다스리시는 것은 견딜 수 있어도, 사람들이 나를 관리하려드는 것은 견딜 수가 없어." 이런 사고를 떨쳐 버리려면 다음을 숙고해 보라.

첫째, 이 십자가를 당신에게 안기는 것은 사람들이지만, 그들은 하나님의 도구일 뿐이다. 하나님의 손이 그들 중에 있고,

그들은 하나님이 허용하신 범위를 넘어서서 당신에게 행할 수 없다. 시므이가 다윗을 저주할 때 다윗이 잠잠하였던 이유가 이것이다. 다윗은 "하나님의 손이 하시는 일이다. 시므이는 사악한 사람이지만 난 그 뒤에 계신 하나님을 본다"라고 말했다(삼하 16:5-12). 당신을 해롭게 대하는 친구가 있는가? 눈을 들어 하나님을 보라. 그리고 그 사람이 단지 하나님의 손에 들린 도구라는 것을 보라.

둘째, 만약 사람들이 당신에게 몹시 악을 행하여 골치가 아프다면, 원망하고 불만족하는 대신 오히려 그들을 불쌍히 여기는 마음을 가져 보라. 진실은, 다른 이들에게 푸대접을 받고 있는 당신의 입장이 더 낫다는 것이다! 왜냐하면 잘못을 당하는 것이 잘못을 행하는 것보다 훨씬 더 낫기 때문이다. 소크라테스는 이렇게 말했다. "길에서 병든 사람을 만났는데, 내가 그 사람이 병들었다고 짜증내고 안달하는 것이 옳을까? 나는 나를 부당하게 취급하는 사람들이 병들었다고 본다. 그래서 나는 그들을 불쌍히 여긴다."

"나에게 닥친 이 고통은 내가 전혀 기대하던 것이 아니란 말이야"

"이 고통은 내가 전혀 기대하지도 예상하지도 못했던 고통이라는 사실이 나를 이토록 불안하게 만들어." 나의 대답은 이렇다.

첫째, 당신이 기대하지도 예상하지도 못했다는 사실이 당신의 약함이고 어리석음이다. 사도행전 20장 22-23절에서 사도 바울이 자신에 대해 뭐라고 말하는지 들어 보라. "보라 이제 나는 성령에 매여 예루살렘으로 가는데 거기서 무슨 일을 당할는지 알지 못하노라 오직 성령이 각 성에서 내게 증언하여 결박과 환난이 나를 기다린다 하시나." 바울은 "나는 나에게 어떤 특별한 고난이 닥칠지 모른다. 그러나 내가 아는 것은 내가 가는 곳마다 결박과 환난이 나와 함께하리라고 하나님의 성령이 증언하신 것이다. 이것은 진실이다"라고 말했다. 따라서 그리스도인으로서 우리도 그래야 한다. 어떤 곳에 있든지, 어떤 처지에 놓여 있든지 우리는 고난을 기대해야 한다. 따라서 어떤 고난도 예상하지 못한 것이어서는 안 된다!

둘째, 그 고난이 예상 밖의 고난인가? 그렇다면 그 고난이 닥치기 전에 당신이 준비가 덜 되어 있었다는 것이니, 지금 이 고난이 온 김에 하나님의 이름을 거룩하게 하는 일에 더욱 주의를 기울여 보자. 고난을 예비하기에 더 진력했어야 마땅하지만 그러지 않았기 때문에, 지금 당한 그 고통 중에서 하나님을 거룩하게 해드리기 위해 더욱 진력해야 한다.

"내 고통은 지나치게 무거워! 극도로 과중하단 말이야"

"내가 느끼는 이 고통을 당신이 겪는다면, 당신도 이 고통을 견디며 자족하기에 힘들어할 거야." 나의 대답은 이렇다.

첫째, 그 고통이 당신이 당할 수 있는 최대의 고통이라 해도, 당신의 죄보다 더 극심하지는 않다. 하나님의 벌하심은 당신의 죄보다 덜하다.

둘째, 당신의 고통은 엄청나게 더 심했을 수도 있다. 당신은 지옥에 떨어졌을 수도 있다. 내가 제대로 기억한다면 버나드가 말했듯, "수난당하는 것은 멸망하는 것보다 수월하다."

셋째, 고통이 더 과중한 이유는 당신의 마음이 그렇게 원망

해대기 때문일 수 있다. 아픈 다리에 채워진 족쇄는 그를 더 괴롭게 하는 법이다. 아픈 어깨에 지워진 짐은 더 과중하기 마련이다. 당신의 마음이 병들었기 때문에 당신의 고통이 과중한 것이다.

"아무리 당신이 내 고통을 덜어 준다 해도, 내 고통은 여전히 남들의 고통보다 훨씬 더 큰 게 확실해"

첫째, 현실은 전혀 그렇지 않은데 당신의 불만이 고통을 크게 만드는 것일 수 있다.

둘째, 당신의 고통이 남들의 고통보다 크다고 불만인가? 그렇다면 반대로 말해서 하나님이 나보다 남들에게 더 은혜로우시다고 해서 불만을 품는 것인가?

셋째, 당신의 고통이 남들의 고통보다 더 큰가? 그렇다면 당신에게는 그 고통 가운데 하나님께 영광 돌릴 기회가 남들보다 더 많다. 다른 사람들보다 더 은혜를 베풀라. 그렇게 하기 위해 힘쓰라.

"어떻게든 지금의 모습과 다른 고통이라면 더 자족할 수 있을 텐데"

첫째, 하나님께서 우리를 치시는 매를 우리가 스스로 선택할 수 있지 않다는 것을 당신은 알아야 한다.

둘째, 만약 당신의 고통이 현재와 어떤 모습으로든 다르다면 당신에게 그다지 적합하지 않을 수 있기 때문에, 하나님께서 그 고난의 종류를 친히 정하신다. 왜냐하면 그 고통이 당신의 성미를 제거하는 데 가장 적합한 것으로 당신과 가장 반대되는 것이기 때문이다. 가령 환자가 약을 먹고 역겨워서 "아! 이 약만 말고 다른 약이라면 견딜 수 있으련만"이라고 하겠는가? 그 약의 성분이 바뀐다면 당신의 질환에 적합하지 않을 것이다. 그 조치는 당신 영혼의 죄악 된 성미를 직통으로 치료할 수 없을 것이다. 그러므로 하나님은 그 고통이 당신에게 가장 적절하고 합당한 것이라고 보신다.

셋째, 어떤 형편에서든 그 형편에 맞추는 것이 그리스도인에게 은혜의 탁월함이라는 것을 명심하라. 이랬더라면 저랬더라면 하는 것이 아니라, 어찌되었건 이라고 말하라. 실력 있는 선원은 "이런 바람만 아니었더라면, 바람이 이 방향으로만 불지 않았더라면 내가 배를 다룰 수 있었을 텐데. 다른 방향이라면 내 실력을 선보일 수 있지만 이 방향은 안 돼"라고 하지 않을 것이다. 그런 말을 들은 다른 선원들이 비웃지 않겠는가? 선원이 바람을 보고, 이 방향만 빼고 다른 방향들에는 기술이 있다고 말하는 것은 수치이다. 따라서 그리스도인이 이 고통만 빼고 다른 고통들을 다룰 수 있다고 하는 것도 수치여야 한다. 그리스도인은 자기 영혼을 이끌기 위해, 바람이 어느 방향에서 불어오든 자기 배를 다룰 수 있어야 한다.

넷째, 모든 상황에서의 태도와 성도의 품위를 지키는 것에 대한 상급과 면류관이 주님께 있다. 모든 상황에서 하나님께 영광을 돌리는 자들의 머리에 씌워 주실 면류관이 따로 있을지도 모른다. 천국에는 여러 종류의 면류관이 있고, 하나님은 그 면류관들을 반드시 누군가의 머리에 씌워 주실 것이다. 그러므로 하나님은 다양한 형편 중에도 신실한 자들에게 주실 상급과 면류관을 당신에게 주시기 위해 다양한 상황들로 당신을 연단하신다.

만약 당신이 하나님 앞에서 "내가 고생은 면하지만 대신 옆으로 밀려나 하나님을 적게 섬기게 되는 것보다, 세상의 어떤 고생이든 견디어 하나님을 더욱 섬길 수 있는 것이 낫다"고 말할 수 있다면, 이는 은혜의 좋은 신호다. 하지만 여기에는 유혹이 있을 수 있다. 받은 소명이 초라해서 조금밖에 섬기지 못했다고 하며 하나님의 행하심을 원망하는 것은, 가난하고, 재능이 적고, 가족의 생계를 위해 고되게 일해야 하는 자들에게 자주 드는 유혹이다. 그들 마음에 수차례로 드는 이런 생각은 비통한 짐이다. "주님께서는 다른 사람들은 공적인 사역에 사용하시면서 나는 무명으로 두신다. 내 삶엔 목적이나 있을까?" 이런 유혹에 대비하고, 이런 상황을 두고 원망하지 않으려면 다음을 기억하라.

첫째, 당신의 처지가 초라하고 비천하더라도 당신은 그리스도 몸의 지체라는 것을 기억하라. 눈이 아니고, 머리와 심장이 아니어도, 발가락과 손가락 또한 그 몸에 필요한 쓰임새가 있다(고전 12:14-27). 어거스틴은 이렇게 말했다. "뿌리로부터 잘려 나간 굵은 줄기가 되느니, 뿌리에 연결된 가는 잔가지가 되는 것이 더 낫다." 탁월한 재능과 엄청난 부와 세상의 명예를 가졌지만 뿌리이신 예수 그리스도와 연합되어 있지 않은 자라면, 그는 나무에서 잘려 나간 굵은 큰 가지들에 불과하다. 세상에 속한 모든 사람이 그렇다.

둘째, 세상에서 비천한 직업을 가지고 쓸모없는 사람으로 대접받는다 하더라도 당신이 그리스도인이라면, 당신은 고귀한 소명으로 하나님이 부르신 자다. 받은 특정한 소명이 낮고 비천할지라도, 당신의 궁극적인 소명은 고귀한 부르심이다. 빌립보서 3장 14절은 이렇게 기록한다. "푯대를 향하여 그리스도 예수 안에서 하나님이 위에서 부르신 부름의 상을 위하여 달려가노라." 그러므로 모든 그리스도인은 예수 그리스도 안에서 하나님이 주신 고귀한 소명이 있다. 하나님께서는 당신을 모든 피조물 중에 가장 높이 부르셨다.

셋째, 당신의 소명은 낮고 비천하다. 그러나 그 때문에 불만을 품지 말라. 왜냐하면 (당신이 경건한 사람이라면) 당신에겐 은혜의 원리가 있기 때문이다. 이로 인해 하나님은 당신의 가장 초라한 행위도 세상에서 행해지는 온갖 용감하고 영광스러운 행위보다 존귀하게 여기신다.

진실을 말하자면, 높은 소명보다 낮은 소명 앞에 하나님께 복종하는 것이 더 순종하는 것이다. 낮은 소명에 분투할 수 있도록 하는 것이 순전한 순종이요 순수한 순종이기 때문이다. 그러나 더 높은 소명 앞에 분투하도록 하는 것은 다분히 자기 애착일 수 있다. 왜냐하면 높은 소명 앞에는 세상의 부와 인정과 명예와 그에 따른 보상이 있지만, 낮은 소명은 그렇지 않기 때문이다.

넷째, 뿐만 아니라 더 많은 상급이 있음을 기억하라. 상 주실 때 주님은 각 사람이 무슨 업종에 종사하였는지를 묻지 않으시고, 그들의 충성됨이 어떠했는지를 보실 것이다. 주님은 "잘하였도다 착하고 충성된 종아"라고 말씀하셨다(마 25:23). 그러니 다른 그리스도인들이 분투함같이 당신도 매일의 수고와 분투함으로 작은 일에 충성해야 한다.

"다른 고통은 어떻게든 견뎌 보겠는데, 불안정한 내 처지는 너무 비통해"

"내 형편이 비천하더라도 안정되어 있다면 만족할 수 있을 거야. 하지만 이건 너무 변덕스러워서 세상 위아래로 마구 던져지는 것 같아." 나의 대답은 이렇다.

아마도 하나님은 당신이 육체의 안락함으로 안정되어 있는 것보다, 내일 일을 모르고 끊임없이 그분께 의지하며 사는 것이 당신에게 더 낫다고 보실 것이다. 앞서 우리가 논한 것을 기억하라. 그리스도는 우리에게 "주님, 이삼 년은 거뜬히 저를 지켜줄 만큼 주시옵소서"라고 기도하게 가르치지 않으셨다. 다만 "오늘 우리에게 일용할 양식을 주시옵고"라고 가르치셨다(마 6:11). 이는 우리가 날마다 하나님께 의존하며 살아야 함을 가르치시기 위한 것이다.

가나안 땅과 애굽의 차이가 바로 이것이다. 가나안 땅은 하나님이 하늘로부터 비를 내려 주시는 것에 의존할 수밖에 없는 땅이었다. 그러나 애굽은 하늘을 의지하지 않고도 끊임없이 공급되는 나일 강이 있는 땅이었다. 이를 알기에 그들은 더욱 교만해져 갔다. 가나안 땅에서는 어떻게 될지를 모르는 가운데 항상 하나님께 의지하며 살았다. 그리고 하나님은 그 땅이 믿음으로 살아야 하는 자기 백성에게 끊임없이 하나님께 의지하게 하는 더 좋은 땅이라고 여기셨다.

피조세계로부터 오는 안정된 수입이 없을 때, 우리는 하나님께 더욱 의지하고 더욱 믿음으로 살고 이전보다 더욱 영적으로 유익한 상태에 놓인다는 것을 경험으로 안다. 아, 외적인 재산이 초라할수록 영혼은 더 선하고, 외적인 재산이 많을수록 영혼은 더 악해지는 것이 허다하다!

에스라 4장 13절에서 이스라엘의 원수들이 이스라엘 백성의 성벽 건축을 반대하며 아닥사스다 왕에게 이렇게 말했다. "이제 왕은 아시옵소서 만일 이 성읍을 건축하고 그 성곽을 완공하면 저 무리가 다시는 조공과 관세와 통행세를 바치지 아니하리니 결국 왕들에게 손해가 되리이다." 곧 이 말이다. "만약 성벽이 지어지면 이스라엘 백성은 왕에게 통행세를 바치지 않을 것입니다. 그들이 성벽이 없는 도시에 살면 왕은 아무 때나 그들에게 들이닥칠 수 있습니다. 하지만 일단 성벽을 지어서 스스로 방어할 수 있게 되면 전처럼 왕에게 의지하지 않을 것이고, 그러면 조공도 바치지 않을 것입니다."

하나님과 사람 사이도 그렇다. 하나님을 순전히 의지하며 살아갈 때 하나님께서 매순간 그를 유익하게 하신다는 것을 안다면, 영혼은 믿음으로 행하며 그의 일용할 양식을 하나님께 간구할 것이다. 그러나 하나님께서 그에게 부를 주시고 그 부가 그를 둘러싸게 하신다면, 그는 더 이상 하나님을 의지해야 함을 의식하지 못할 것이다. 이전보다 하나님께 통행세와 관세를 덜 바치기 시작할 것이다. 이전보다 하나님을 덜 섬길 것이다. 하나님은 자기 백성이 하나님께 종속된 상태로 사는 것이 더 나은 것으로 보신다. 그러나 우리는 하나님께 의존하기를 극도로 혐오한다. 우리는 모두 하나님으로부터 독립하기를 원한다.

이것이 당신의 위로가 될 것이다. 외부의 모진 풍파로 불안정할지라도, 당신의 영혼과 영원한 복락의 위대함으로 당신은 안전하다. 그곳에 확실한 길, 변함없이 공급받는 그 길이 있다. 하나님의 충만하심 가운데 은혜 위에 은혜를 받을 것이다 (요 1:16). 그곳에서 당신은 풍부한 보화를 얻고, 필요한 모든 것을 얻는다. 또한 행위언약 아래 있을 때보다 은혜언약 아래 있음으로, 더욱 안정된 당신의 형편을 주목하라. 하나님은 행위언약 아래의 사람이 거래를 할 수 있게 하셔서, 그가 얻게도 하시고 잃게도 하셨다. 하지만 은혜언약 아래에서는 하나님이 이를 확실히 하신다. 오직 그리스도만이 거래하게 하셨다. 그리고 우리는 끊임없이 공급받기 위해서 반드시 그리스도께로 나아가야만 하게 하셨다.

"더 나은 형편을 경험해 보지 않았다면, 이 고통을 견딜 수 있었을 거야"

"내가 흥왕하였던 적이 있기 때문에, 현재의 낮은 자리에 있는 것이 더 힘이 들어." 하지만 그런 이유로 원망하는 것은 우리 중 누구라 해도 참으로 어처구니없는 것이다.

첫째, 하나님께서 이제껏 당신에게 선하셨기 때문에, 당신은 그런 악의에 찬 눈으로 하나님을 쳐다보는 것인가?(마 20:1-15) 하나님께서 전에는 당신에게 선하셨기 때문에, 당신의 지금 이 형편을 두고 악의에 찬 눈으로 쳐다볼 것인가? 하나님께서 당신에게 무슨 잘못을 하셨는가? 이전에 다른 이들보다 당신에게 더 많은 선을 행하신 것이 잘못인가?

둘째, 외적인 모든 번영을 우리는 고난의 대비로 여겨야 한다. 당신이 막대한 부를 소유한다 하더라도 하나님의 자비에 의지하여 고난의 상황에 대비한다면, 당신의 부의 변화가 그렇게 비통하지 않을 것이다. 그리스도인이라면 이렇게 말해야 한다. "내가 지금 부유한가? 나는 가난에 대비해야 한다. 내가 지금 건강한가? 나는 질병에 대비해야 한다. 하나님께서 나를 어떤 처지로 부르실지 어떻게 알겠는가?"

선원들은 고요할 때 폭풍우에 대비한다. 그들이 이렇게 말하겠는가? "우리가 이제껏 고요함을 전혀 경험하지 않았다면 폭풍우를 견딜 수 있을 텐데. 여러 해 혹은 여러 주 동안 고요함만 있었기 때문에, 이 폭풍우를 견디기에 너무 힘들다!" 고요함 가운데 당신은 폭풍에 대비해야 한다. 그러면 폭풍이 덜할 것이다.

이를 숙고하면 우리 모두에게 도움이 될 것이다. 만약 하나님께서 지금 당신에게 "음, 네가 다시는 세상에서 외적으로 안락한 인생을 누리지 못할 것이다"라고 하시더라도, 당신은 지금까지 그렇게 많은 날을 안락하게 허락하셨음에 엎드려 하나님의 이름을 송축할 이유가 있다. 그런데 지금 당신은 이와 정반대로 사고한다. 당신이 그동안 누려온 수많은 안락함으로 인해 하나님을 송축해야 함에도, 당신은 이전에 누렸던 것이 현재 당신의 고통을 오히려 가중시켰다며 원망하고 불만족한다.

하나님이 이전에 주신 것들이 어떤 조건을 두고 받은 것이 있었는가? "영원히 소유할 것"이라는 계약서라도 있었는가? 하나님은 그런 계약서를 주시지 않는다! 하나님이 우리에게 영원히 주시는 것은 그분을 아는 지식, 믿음, 겸손, 사랑, 인내, 또 이와 같은 성령의 은혜들이다. 내가 무엇이기에 나의 사는 날 동안 화창한 날만 있겠는가? 하나님이 내게 주시는 것들은 그분의 사랑의 약속이다. 그리고 나는 순종의 서약으로 그분께 화답하여야 한다. 경건한 사람이 하나님으로부터 받는 모든 것은 하나님의 사랑의 약속으로 받는 것이다. 그러므로 고통스러운 상황에 처하였을 때, 하나님은 우리에게 "내가 너에게 사랑의 징표로 주었던 것을 네 순종의 맹세로 화답하라"고 하신다. 우리는 하나님께 즐거운 마음으로 나아가, 그분께 우리 순종의 맹세로 드릴 것이 있다는 사실로 하나님을 송축해야 한다.

"안락을 얻기 위해 얼마나 피나는 노력을 했는데. 그런데도 실패했어"

당신이 비싼 값을 치른 그것을 하나님께 순복하여 내어 놓을 때, 하나님을 향한 당신의 사랑의 간증이 늘어날 것이다. 다윗은 "값없이" 하나님께 번제를 드리지 아니하리라고 하였다(삼하 24:24). 값비싼 외적 안락을 얻기 위해서 당신은 피나는 노력을 기울였다. 그러나 그 값비싼 안락 없이도 하나님께 순종할 수 있을 때, 하나님을 향한 당신의 사랑이 더욱 드러날 것이다.

고통 감추기

"나의 이 심란하고 힘든 고통을 떠들어서 나는 하나님을 욕보이지 않을 거야. 내 마음이 근심하여 요동치더라도 나는 이것을 내속에만 품고 있을 거야." 이렇게 하여 당신의 상태를 만족하지 말라! 왜냐하면 당신 마음에 있는 병들과 그 죄악된 행태가 곧 하나님 앞에 떠드는 것이기 때문이다. "내 영혼아, 하나님께 잠잠하라." 당신의 입이 조용하다고 하여 모든 것이 조용한 것이 아니다. 당신의 영혼이 잠잠해야 한다. 당신의 내적 침울함을 죽이지 않는다면, 고통이 조금만 더 증가하더라도 폭발할 것이다.

처한 형편에 불만족하는 우리의 주된 논리와 이유들에 대해 주님께서 해결해 주시길 바란다. 하나님의 이름으로 여러분께 간청한다. 당신의 마음에 관한 것들이기에, 우리가 나눈 것들에 대해 잘 기억하고 숙고하길 바란다.

묵상, 자족에 이르는 큰 도움

토마스 제이콤 (1622-1687)

CONSIDERATION: A GREAT HELP TO CONTENTMENT

"어떠한 형편에든지 나는 자족하기를 배웠노니"(빌 4:11).

어떤 상황에서도 침착하고 평온한 마음, 모든 섭리 아래 잠잠하고 고요한 심령인 자족에 대해 우리는 생각해 보아야 한다. 하나님께서 사람에게 또는 사람을 통해 하시는 모든 일을 우리가 기뻐하는 것, 그것이 자족이다. 자족과 인내가 완벽하게 일치하지는 않는다. 하지만 이 두 사이에는 밀접한 관계가 있다. 자족은 우리의 자연스러운 욕망에 절대 어긋나는 것이 아니라도 하나님의 베푸심 아래 일어나는 모든 마음의 지나친 동요, 곧 모든 초조함과 안절부절못함과 원망과 대립한다.

사도 바울이 "어떠한 형편에든지 나는 자족하기를 배웠노니"라고 했을 때 그가 의도한 핵심, 아니면 적어도 그가 뜻한 한 가지 의미는 두말할 것 없이 이것이었다. 마치 이렇게 말한 것과 같다. "하나님과 그분이 기쁨으로 주시는 내 모든 처지에 대해 항상 잘 생각해야 합니다. 그분이 기뻐하신다면 나도 그것으로 인해 기쁩니다. 감옥살이가 되었든, 빈곤함이든, 치욕이든, 그것이 죽음이라도 하나님의 뜻대로 이루어진다면 나는 자족합니다. 나는 견고한 마음과 침착한 심령으로 어떠한 형편이든지 견뎌낼 수 있도록 배웠습니다."

바울의 이러한 고백은 다음과 같은 질문으로 이어진다. "어떻게 하면 우리도 이런 훌륭한 자세를 얻을 수 있을까? 모든 상황에 잠잠하고 조용한 것, 무슨 일을 당하더라도 불안하거나 불만족하지 않는 것을 어떻게 배울 수 있을까?" 이 질문에 답하는 것이 지금부터 나의 과제일 것이다.

전도서 7장 14절에 좋은 조언이 있다. "형통한 날에는 기뻐하고 곤고한 날에는 되돌아보아라." 무엇이든 우리 욕망에 거슬리는 것, 곧 "곤고한 날"을 만나게 되었을 때 가만히 앉아 그 문제에 대해 숙고해 보는 것은 우리의 마음이 잠잠해지는데 큰 역할을 할 것이다. 묵상은 자족에 훌륭한 도움이 된다. 사려 깊지 않은 사람은 이 말씀의 교훈을 절대로 배울 수가 없다. 마음의 동요는 주문이나 부적이 아니라, 견고하고 사려 깊은 묵상함으로 막을 수 있다. 모든 형편 아래 자족하는 것에 도움이 되는 특별하고 적절한 묵상의 방법에 대해 알고 싶은가? 그 형편을 주관하시는 분이 누구신가 묵상하라.

그분은 실로 가장 높은 곳에서 군림하시는 절대 주권자 하나님이시다. "나의 앞날이 주의 손에 있사오니"(시 31:15). 이 세상의 모든 사람과 그들에 관한 모든 것이 그러하다. 모든 것이 하나님의 손에 달려 있다. 이 땅의 모든 정사를 주관하시는 분의 손이 저 높은 곳에 있다. 우리의 머리털까지도 다 세시는 분이 우리의 형편을 주관하신다. 선과 악은 우연히 닥치는 것이 아니며 우발적이거나 뜻밖에 일어나지도 않는다. 모두 하나님의 섭리에 의해 하나님의 뜻에 따라 결정된다. 우리는 이에 대찬성하는 것 같아 보이지만, 실상은 이를 완전히 잊고 있거나 정면으로 부인한다. 그러므로 나는 이렇게 충고한다. 당신의 형편으로 인해 마음이 거세게 휘몰아치고 안절부절못할 때면 가만히 앉아 그 형편을 주관하시는 분이 누구신지 신중히 묵상해 보라. 이러한 묵상이 과도한 마음의 모든 동요를 제압하는 데 이로운지를 곰씹으며 살펴보라.

다윗이 "내 마음이 내 속에서 뜨거워서 작은 소리로 읊조릴 때에 불이 붙으니"(시 39:3)라고 하였을 때, 이 "불"은 많은 이들이 해석하듯이 "열정의 불"을 뜻한다. 우리는 지나치게 깊이 생각하여 마음이 시끄러워질 수도 있다. 단, 우리를 괴롭히는 것에 대해 모든 생각이 집중될 때 그렇다. 하지만 내가 지금 당신에게 강권하는 묵상은 이와 전혀 다른 효과가 있다. 불을 끄는 효과가 있지 불을 붙이지 않는다.

그리스도인은 그에게 닥치는 일로 인해 쉽사리 불안해 해서는 안 된다. 왜냐하면 그리스도인은 모든 것이 하나님께 속한 것이라고 믿는 사람들이기 때문이다. 요나가 그랬듯이, 피조물이 하나님께 화를 낸다는 것이 합당하겠는가?(욘 4:9) 사람이 하나님과 다툴 것인가? 진흙이 토기장이에게 "어찌 나를 이같이 만들었느냐"고 하겠는가?(사 45:9; 롬 9:20) 섭리를 법정에 세우고 하나님의 뜻과 우리 뜻이 서로 언쟁을 벌이도록 하겠는가? 안될 소리다! 하나님이 기뻐하시는 것을 그분의 피조물이 기뻐해야 할 이유는 세상천지에 널려 있다.

엘리는 "이는 여호와이시니 선하신 대로 하실 것이니라"고 했다(삼상 3:18). 욥은 "주신 이도 여호와시요 거두신 이도 여호와시오니 여호와의 이름이 찬송을 받으실지니이다"라고 했다(욥 1:21). 모든 것을 하나님이 주관하심을 묵상하는 것보다 우리의 영을 잠잠케 하는 데 효과적인 도움은 없을 것이다. 이 뿐 아니라 어떻게 그리고 어떤 식으로 모든 것이 하나님의 주관하심 아래 있는지를 묵상하는 것 또한 우리 마음을 잔잔하고 침착하게 한다. 아, 이렇게만 마땅히 생각하고 이해한다면 자족하기에 대단한 효과가 있을 것이다.

하나님은 모든 것을 불가항력적으로 주관하신다

"내가 행하리니 누가 막으리요"(사 43:13). 하나님께서 섭리로 간섭하심은 세상의 모든 개개인에게 해당된다. 이는 강력한 권능으로서, 누구도 하나님이 하시는 일 또는 그분이 행하시려는 일을 막을 수 없으며, 막는다 한들 헛수고일 뿐임을 나타낸다. 그분과 겨루는 것은 불가능하다. "하나님께서 그대가 거절한다고 하여 그대의 뜻대로 속전을 치르시겠느냐 그러면 그대가 스스로 택할 것이요 내가 할 것이 아니니"(욥 34:33). 하나님이 주시면 당신은 받아야만 한다. 하나님이 보류하시면 당신의 온갖 열심과 노력도 아무 소용이 없다. 고통이 없어지기만을 원할지라도 그분과 겨루는 것은 소용이 없다! 하나님이 당신의 고통을 가져가시면 그 고통의 끝이고, 그대로 놔두시면 반드시 견뎌야 하는 고통이다.

겸손한 자족은 많은 일을 이룰 수 있지만, 교만하게 겨루는 것에는 아무런 결실이 없다. 하나님은 무엇을 하셔야 하는지 아시는 분이고, 그분이 옳게 보시는 것을 행하시는 데 방해받지 않으시는 분이다. 그러므로 언제든지 영혼에 격정이 고개를 들 때 기도하라. 섭리의 물결이 그 방향을 정하여 흐를 때, 전능하신 주권의 하나님을 막을 자가 없다는 것을 재빠르게 상기하라. 그러면 하나님께 맡기고 순종하며 우리가 변경할 수 없는 것에 순응하는 것이 최선이라고, 우리의 이성과 판단은 말할 것이다. "모든 일을 그의 뜻의 결정대로 일하시는 이의 계획을 따라"(엡 1:11), "왕은 자기가 하고자 하는 것을 다 행함이니라"(전 8:3).

하나님은 의로우시고 또한 의로운 일만 행하신다. "세상을 심판하시는 이가 정의를 행하실 것이 아니니이까"(창 18:25). "여호와께서는 그 모든 행위에 의로우시며 그 모든 일에 은혜로우시도다"(시 145:17). "만국의 왕이시여 주의 길이 의롭고 참되시도다"(계 15:3). "의와 공평이 그의 보좌의 기초로다"(시 97:2). 우리가 괴로운 중에 처해 있을 때 묵상하기에 탁월한 말씀들이다. 하나님의 의로우심이 모든 상황마다 있다면, 우리는 각각의 상황에서 자족할 수 있을 것이다. 때로 내가 그 섭리를 알 수 없고 이해하기 힘들더라도, 섭리는 언제나 정의롭고 의롭다. 때로 우리의 바람과 어긋나더라도, 하나님은 결코 우리를 부당하게 대하지 않으신다. 하나님은 우리의 모든 욕망을 만족시켜 주시는 것을 좋게 여기지 않으신다. 그러나 그분이 우리에게 행하시는 모든 일이 그분의 의로우심을 선언한다는 것이 우리에게 선한 일이다(시 51:4; 애 1:18).

하나님은 우리가 붙들고 있는 자비마저도 가져가시는 분일까? 하나님은 우리가 받아 마땅하지 않은 괴로움을 더하시는 분일까? 만약 그렇다하더라도 그분 앞에 침묵하는 것이 합당하지 않을까? "살아 있는 사람은 자기 죄들 때문에 벌을 받나니 어찌 원망하랴"(애 3:39).

잠언 19장 3절은 영민한 구절이다. "사람이 미련하므로 자기 길을 굽게 하고 마음으로 여호와를 원망하느니라." 우리는 하나님을 우리가 노하시게 하여 화를 당하고서는 도리어 그분께 화를 낸다! 우리는 오직 자신에게 화낼 이유밖에 없다. 우리 죄가 우리의 모든 비참함을 초래하는 원인이기 때문이다. 우리는 마음의 교만, 정욕, 감사할 줄 모름, 불신 등으로 인해 자주 괴로워해야 마땅하다. 이는 좋은 불만족이다! 그러나 하나님이 하시는 일로 인해 불안해 할 타당한 이유는 결코 있을 수가 없다. 그분의 모든 행하심은 거룩하고 의롭다. 이를 묵상하며 숙고하자. "내게 선한 일이 없고, 악한 일만 있는가? 하나님이 이 둘을 주장하심에 부당한가? 물론 아니다. 나는 선한 것만 받기에 합당하고, 악한 것을 받기에는 합당하지 않은가? 그렇다면 나는 왜 하나님께 불만을 토하며 화를 내는가?" 한마디로, 마음을 잠잠하게 하는 이 생각을 항상 기억하

라. 하나님은 모든 것을 의롭게 주관하신다. 그러므로 당신은 모든 형편을 자족하며 통과해야 한다.

하나님은 모든 것을 지혜롭게 주관하신다

태초에 무한하신 지혜로 모든 것을 지으셨듯이(시 104:24), 하나님은 모든 것을 무한하신 지혜로 행하고 다스리신다. 이는 모든 창조세계를 커다란 덩어리로 보았을 때만 진실이 아니라, 피조세계의 각 부분, 특별히 사람에 대해서 그렇다. 이 진리를 믿고 묵상할 때 우리는 모든 형편에서 자족할 수밖에 없다. 감탄할만한 지혜로 행하시는 하나님의 일들에 우리가 흠을 잡고 싫어한다면, 그것이야말로 우리가 할 수 있는 가장 터무니없는 어리석음일 것이다! 하나님이 우리에게 가장 적합하고 선하다고 생각하시는 것에 자족하며 안식해야 하지 않겠는가? "허망한 사람은 지각이 없나니"(욥 11:12).

사람은 자신이 하나님보다 더 잘 주관할 수 있다고 생각한다! 사람은 자신을 향한 하나님의 처분에 대해 흠을 잡는데,

이는 사람이 스스로 지혜라 부르는 최고의 어리석음이다. 하나님이 사람을 위해 얼마나 지혜로운 결정을 내리시는가! 성도라면, 이 진실을 알게 될 것이다. 아니면 천국에 가서 알게 되는 자들도 있을 것이다. 그러므로 우리는 조용히 그분 앞에 내려놓고 "우리를 위하여 기업을 택하시나니"(시 47:4)라고 고백해야 하지 않겠는가? 다른 한편으로, 불만족하여 스스로 자신의 결정자가 되는 것은 얼마나 슬픈 선택인가? 라헬은 자식을 원했고, 아니라면 차라리 죽기를 원했다(창 30:1). 결국 라헬은 바라던 것을 얻었지만, 그녀의 생명은 그 값을 치렀다(창 35:16-19). 야곱은 하나님이 축복하시기를 기다리지 못했다. 그 성급함으로 인해 야곱이 얼마나 큰 고생을 겪게 되었는가!(창 25-28장) 가련한 사람! 당신이 망하려면, 하나님이 당신의 처지를 스스로 선택하도록 내버려 두시는 것 외에 더 필요한 것이 없다! 이 사실을 고려해 본다면 지혜로우신 하나님이 당신을 위해 선택하실 때 자족하지 않을 수 있겠는가?

긴밀히 자신을 이렇게 설득하라. "나를 어떤 모습으로 만드실지 하나님이 아셨을까? 내 형편을 어떻게 주관하실지 하나님이 모르실까? 세상과 교회라는 거대한 선적을 운항하실 만큼 지혜로우신 분이 내 작은 배를 이끄실 만한 지혜가 없으실까? 틀림없는 섭리로 수많은 성도들을 무사히 천국에 이르게 하시는 분이 나 역시 그곳으로 무사히 데려가실 가장 선한 길을 모르실까? 행하신 모든 일에 단 한 번의 미세한 실수도 없으신 분이 내 삶에서 실수를 하실 수 있을까?" 이런 기도로 당신의 모든 격정의 태풍이 잠잠해지길 소망한다. 아, 우리가 변치 않는 믿음으로 산다면 그리고 하나님의 헤아릴 수 없는 지혜를 깊이 묵상하며 산다면 어떤 형편 중에도 얼마나 복된 마음의 평온을 갖게 되겠는가!

하나님은 모든 것을 은혜롭게 주관하신다

"여호와의 모든 길은 그의 언약과 증거를 지키는 자에게 인자와 진리로다"(시 25:10). 당신에게 가난, 고통, 질병, 가족의 죽음, 세상의 십자가들이 있는가? 하나님이 언약의 백성에게 주시는 모든 것은 자비로 주시는 것이거나 자비를 베푸시기 위해 주시는 것들이다. 고난도 하나님의 사랑으로부터 오는 것이다. 그리고 그 목적은 자비이다. 하나님은 이 모든 것들로 선함을 이루시고, 그분을 사랑하는 자들에게 오직 선함만을 이루신다. 하나님께 속한 자에게 이는 각별히 생각해 볼 문제이다. 다른 이들은 하나님의 주권과 의로우심에 두려워할 뿐이지만, 성도들에게는 하나님의 뜻 앞에 조용히 복종하도록 하는 그분의 자비와 선하심이 있다. 그리고 이를 깊이 묵상함으로 우리 마음의 틀을 이끌고 적용하도록 도울만한 것들이 얼마나 많은가! 정말로! 하나님의 자녀가 이런저런 일로 불안해하고 근심하겠는가? 로마서 8장 28절의 그 위대한 약속에 따라, 모든 일이 그를 위해 선한 목적을 두고 계획되었으며, 궁극적으로 당신에게 선한 것인데도 불구하고 근심하겠는가?

하나님은 항상 그분에게 속한 자들에게 가장 선한 것이 무엇인지를 아신다. 이것이 그분의 지혜다! 하나님은 항상 그분께 속한 자들에게 가장 선한 것을 주신다. 이것이 그분의 자비다! 얼마나 큰 위로가 되는 묵상인가! 앞서 언급한대로, 하나님의 주관하심이 불가항력적이고, 의롭고, 지혜롭다는 사실은 우리 내면의 동요를 제압하기에 충분하다. 그러나 지금 내가 말하는 하나님 주관하심의 은혜로움은 그보다 훨씬 우리에게 상당하다. 자비와 선하심은 모든 형편의 구성요소가 아니던가? 그렇다면 결코 당신의 형편을 두고 쓰라려하지 말라. 하나님은 반드시 당신의 형편을 합력하여 감미롭게 하실 뿐이다. 모든 것이 하나님 아버지의 사랑으로 주관하심에 있지 않은가? 당신을 해치기 위함이 아닌 선함을 베푸시기 위한 주관하심이 아닌? 아, 그렇다면 왜 자신에게 불만족을 허용하겠는가? 어떤 형편에서든 성도가 가까스로 자족한다면 이는 매우 낮은 수준의 자족일 것이다. 성도에게는 장성하여 미칠 더 높은 수준이 있다. 곧 "주 안에서 항상 기뻐하라"(빌 4:4)와 "범사에 감사하라"(살전 5:18)이다.

자족에 이르기 위해 우리가 곰곰이 생각하고 묵상해야 할 것은 자족 그 자체다. 자족이 얼마나 행복하고 훌륭한 자세인지 숙고해 보자.

자족은 은혜로운 자세이다

자족은 참으로 은혜로운 것이다. 자족은 거룩하고 선하며 은혜로운 영혼의 성품이다. 자족은 하나님의 주권, 의로우심, 지혜로우심, 선하심 등을 그가 올바르게 알고 있음을 보여 준다. 자족은 자신 안에는 오직 가난과 비열과 무가치함과 헛됨 밖에 없으며, 스스로는 "조금도 감당할 수 없는" 존재라는 것을 알고 있음을 나타낸다(창 32:10). 자족은 사람이 창조주의 뜻에 자기 뜻을 마땅히 순복하고, 그분의 행하심에 온전히 자신을 맡기는 순종의 삶을 살고 있음을 나타낸다. 이야말로 거룩하고 은혜로운 것이 아니겠는가? 이보다 은혜가 더 드러나는 것이 무엇이겠는가?

자족은 은혜 충만의 증거이고, 불만족은 죄 많음의 증거이다. 전자는 여러 은혜의 복합체이고, 후자는 여러 죄의 복합체이다. 자족의 틀에는 겸손, 믿음, 소망, 인내, 천국을 바라는 마음, 세상을 못 박음 등이 있다. 불만족의 틀에는 교만, 불신, 성급함, 정욕이 있다. 실상 본질적인 무신론이다! 진실을 말하자면, 자족은 우리가 갖지 못한 그 어떠한 편안함보다 더 낫다.

불만족은 우리가 느끼는 그 어떠한 해악보다 더 사악하다. 그 어떤 표면적인 즐거움도 자족의 선함과 비교할 수 없으며, 그 어떤 표면적인 고통도 불만족의 악함과 비교할 수 없다.

자족은 하나님을 몹시 기쁘시게 한다

자족은 하나님을 크게 기쁘시게 하는 자세이다. 사람이 자기 자신과 자신의 염려를 하나님의 발 앞에 내려놓고 "주님이 하시는 일입니다. 주님이 보기에 기뻐하시는 대로 나와 나의 것을 인도하시도록 내어 맡깁니다. 주님이 행하시는 모든 일로 인해 내가 기뻐할 것입니다"라고 한다면, 아, 하나님이 얼마나 크게 기뻐하시겠는가! 우리가 그분의 섭리를 심히 기뻐할 때, 하나님도 우리를 심히 기뻐하신다. 불평하고 안달복달하는 심령보다 하나님을 더 화나시게 하는 것이 없으며, 잔잔한 심령보다 하나님을 더 기쁘시게 하는 것이 없다.

자족이 우리에게 주는 유익은 매우 대단하다. 첫째로 자족은 우리를 평안으로 채운다. 자족하며 사는 사람은 결코 평안이 부족하지 않다. 자족하는 심령은 늘 유쾌하다. 자족의 반대가 지상지옥이듯, 자족은 지상천국이다. 자족은 모든 형편에서도 안식하는 마음이다. 자족하는 사람은 그가 소유한 것들의 안락뿐만 아니라 그가 갖지 못한 것들의 안락까지 소유한다. 그는 외적으로 소유하지 못한 것을 내적 순종함으로 보상받는다.

둘째, 자족은 우리의 본분이다. 하나님께 불평하며 반란을 일으키는 마음은 사람이 그의 본분을 행하기에 얼마나 마땅치 않은 자세인가! 그러나 평온하고 고요한 심령은 모든 일에 형통하다.

셋째, 자족은 우리가 항상 바라는 자비, 또는 그보다 더 나은 것을 받게 한다. 불만족은 우리가 가진 것을 잃게 만들고, 자족은 우리에게 부족한 것을 얻게 해 준다. 안절부절못함은 결코 고난(십자가)을 해결하지 못하며, 평안을 얻지도 못한다.

그러나 고요한 순종은 해결과 평안, 둘 다를 얻는다. 아버지는 고집 센 아이를 계속해서 바로잡을 것이고, 아이가 순종하며 고요해지면 원하는 모든 것을 줄 것이다.

넷째, 자족은 모든 쓴 잔을 달게 만든다. 자족이라는 재료가 모든 형편의 쓴맛을 없애 준다. 모세가 던진 나뭇가지가 물의 쓴 맛을 없앴던 것처럼 말이다. 자족을 배운 사람에게는 어떤 것도 형통하지 않음이 없다.

우리는 깊이 묵상함이 부족해서 패망한다. 세상은 무지각함의 해로운 영향 아래 신음한다. 사람들 가운데, 특히 가르치는 자들 가운데 자족을 찾아보기 힘든 것은 무슨 까닭일까? 극소수만이 모든 형편에 자족하기를 배운 이유가 무엇일까? 성급함, 불평, 하나님과 다투는 것, 불만족이 전염병처럼 번진 이유가 무엇일까? 거의 모든 사람이 자신의 형편을 싫어하는 이유가 무엇일까? 나는 "그 까닭이 무엇일까?"라고 묻고, 이렇게 답한다. "상당한 이유는 그들이 하나님 묵상하기를 잊어버렸기 때문이다." 사람들로 이 문제 앞에 나오게 할 때, 자족은 지금처럼 희귀하지 않을 것이다. 묵상이라는 한 가지 방법만으로 충분하다는 주장은 아니지만, 하나님이 어떤 분이신지, 그리고 그분이 무엇을 행하셨는지를 묵상하는 것은 매우 효과적인 자족의 방법이다.

그리스도 안의 완전한 자족

조나단 에드워즈 (1703-1758)

FULL CONTENTMENT IN CHRIST

"또 그 사람은 광풍을 피하는 곳, 폭우를 가리는 곳 같을 것이며 마른 땅에 냇물 같을 것이며 곤비한 땅에 큰 바위 그늘 같으리니"(사 32:2).

갈급하고 목마른 영혼을 충족시키고 온전히 자족하게 하는 공급원은 그리스도 안에 있다. "마른 땅에 냇물 같을 것이며"라는 본문의 말씀이 바로 그 뜻이다. 그리스도가 냇물 같다는 것은 그분이 바로 그렇게 충만하시기 때문이다. 그리스도는 궁핍하고 갈망하는 영혼을 지극히 풍족하게 만족시켜 주시는 공급원이다. 극심하게 목마른 자가 작은 물 한 모금으로는 만족할 수 없지만, 흐르는 강에서 충만함을 찾을 수 있다. 거기서 그는 한껏 마실 수 있다. 그리스도는 강과 같은 분이시다. 목마른 한 영혼을 충족시켜 주실 뿐 아니라, 그에게 충분히 공급하시고도 전혀 그 근원이 줄어들지 않는 분이시다. 나중 오는 자들은 적게 받는 그런 강이 아니시다. 목마른 자들의 갈증을 해소하는 것이 그 강을 조금도 줄어들게 하지 못한다.

그리스도는 또 다른 면에서도 강과 같으시다. 강은 끊이지 않고 흐른다. 청정한 물이 계속해서 흘러나와, 사람이 일생동안 그 물을 공급받고 살아가게 한다. 그래서 그리스도는 영원히 흐르는 물의 원천이시다. 그리스도는 끊임없이 자기 백성에게 공급하시지만, 그 원천은 전혀 고갈되지 않는다. 그리스도로 말미암아 사는 자들은 영원토록 그분에게서 신선한 공급을 받는다. 날마다 증가하는 새로운 복을 끝없이 받는다.

이 명제를 설명하기 위해 다음과 같이 묻겠다.

1. 모든 영혼이 자연스럽게 또 필연적으로 갈구하는 것은 무엇일까?

첫째, 모든 영혼은 필연적으로 행복을 갈구한다

사람이 선하고 악하고를 막론하고 행복은 인간 본연의 보편적인 욕구다. 모든 인류에게 당연한 것일 뿐 아니라 천사들까지도 그렇다. 천국이나, 지상, 지옥의 모든 이성적이고 지적인 존재들 사이에서 행복을 갈구함이 보편적인 까닭은 지적인 본성이 이를 필연적으로 만들기 때문이다. 행복에 대한 애정과 욕망이 없는 이성적 존재는 없고 있을 수도 없다. 비참함을 사랑하거나 행복을 사랑하지 않는 피조물이 있다는 것은 불가능하다. 그것이 분명한 모순을 의미하기 때문이다. 비참함의 개념은 본성이 혐오하는 상태이고, 행복의 개념은 본성이 가장 동의하는 상태이다. 그렇기에 행복을 향한 갈구는 사라지지 않고 절대로 변하지 않는다. 결코 극복될 수 없고, 결코 수그러들지 않는다. 행복에 대한 이해는 사람마다 대단히 다양하지만, 젊은이건 노인이건, 선하건 악하건, 현명하건 현명하지 않건, 모든 사람은 행복을 동일하게 사랑한다.

둘째, 모든 영혼은 그 본성이 수용하는 크기만큼 행복을 갈구한다

사람의 영혼은 그릇과 같다. 영혼이 수용하는 크기는 마치 그릇의 크기나 용량과 같다. 그래서 많은 쾌락과 행복감이 있다 하더라도 그릇이 가득 차 있지 않으면, 사람의 갈구함은 멈추지 않는다. 모든 피조물은 자기 본성의 규모에 비등한 것을 누릴 때까지 안절부절못한다. 사람의 본성은 엄청나게 광대한 행복을 누릴 수 있다. 사람은 동물에 비해 월등하게 고귀한 본성으로 만들어졌다. 따라서 월등하게 고귀한 행복이 충족되어야 한다. 짐승이라면 만족할만한 외적 감각의 쾌락이 사람을 만족시키지는 못한다. 사람에게는 무언가로 채워져야 하는 본질적으로 고결한 기능들이 있다. 감각은 충족되었지만 영혼의 기능이 채워지지 못했다면, 사람은 안절부절못하며 무언가를 갈망하는 상태에 놓이게 된다.

특별히 '이해하는 기능' 때문에 사람의 영혼은 상당히 대단한 행복을 감당하고, 바랄 수 있게 된다. 이해하는 기능은 지상의 한계와 피조물의 한계를 넘어서는 극도로 광범위한 능력이다. 우리가 현재 이해하는 것보다 훨씬 더 광대하게 이해할 수 있는 능력이 있는 만큼, 사람이 이해할 수 있는 정도가 얼마나 더 늘어날 수 있는지를 누가 알겠는가? 이해의 폭이 넓어질수록 욕망도 함께 넓어진다. 그러므로 영혼을 만족시킬 수 있는 대상은 사람이 이해할 수 없는 존재일 수밖에 없다. 끝이 보이는 것으로는 사람을 결코 만족시킬 수 없다. 바닥이 보이는 행복으로는 절대로 만족하지 못한다. 사람이 유한한 대상을 두고 어느 정도는 만족하는 듯해 보일 수 있다. 그러나 조금 경험하고 나면 그것 말고 또 다른 것을 원하는 자신을 발견하게 된다. 불안정하며 끊임없이 갈구하는 이 세상의 경험에 비추어 볼 때 이는 분명하다.

2. 타락한 인간들에게 행복은 매우 심각하게 결핍되어 있다

인류는 한때 행복을 누렸다. 그러나 지금은 아주 비천한 상태로 침몰했다. 우리는 원래 가난하고 궁핍한 피조물이다. 우리는 알몸으로 태어났고, 우리의 영혼과 육신은 곤고하고 비참한 상태에 있다. 인간의 곤비함은 본질상 불만족하고 갈구하는 영으로 드러난다. 우리는 본질적으로 탕자와 같다. 한때는 부유했다. 그러나 아버지의 집을 떠나 재산을 허랑방탕하여 낭비하고, 가난하고 헐벗고 굶주려 죽어가는 곤고한 자들이 되었다.

인간은 본질상 자신의 육감을 충족시킬 무언가를 찾지만,

거기에는 영혼을 먹일 것이 아무것도 없다. 고귀하고 더 본질적인 영역은 양식이 없어 소멸된다. 매일 호화롭게 살고, 건강을 애지중지 보살핀다 하더라도, 그의 영혼은 호화로운 식탁에서 양식을 얻을 수 없다. 우월한 영역 역시 열등한 영역과 마찬가지로 공급받기를 원한다. 진정한 가난과 비참은 우리의 영적인 부분이 필요로 하는 것들이 결핍된 상태이다.

3. 완전히 깨어난 죄인들은 자신의 엄청난 필요를 안다

수많은 사람들이 자신의 비참하고 궁핍한 상태를 자각하지 못한다. 그래서 사실은 가난한데, 자신이 부요하고 재산이 늘었다고 생각하는 사람들이 많다. 실로 진정한 만족을 아는 '자연인'(natural men)은 없다. 그러나 완전히 깨어난 영혼은 그가 진정한 행복에서 매우 멀리 있다는 것을 직시한다. 그가 소유한 것들이 결코 그를 행복하게 하지 못하며, 그가 가진 외적 소유물에도 불구하고 자신이 "곤고한 것과 가련한 것과 가난한 것과 눈 먼 것과 벌거벗은 것을" 알게 된다(계 3:17). 그는 자기 소유의 짧은 수명과 불확실성, 그리고 그것들이 괴로운 양심을 만족시키기에 불충분함을 인지하게 된다. 그는 무언가 특별한 것이 그에게 평화와 안락을 주길 원한다. 그가 왕국을 소유할 것이라 해도 그것이 그를 평안하게 하지 못한다. 그는 죄를 사함 받고 그의 심판자와 화목하게 되길 원한다. 가련한 그는 구걸하는 자와 같이 도움을 청하며 울부짖는다. 그는 그가 찾아야 할 진정한 행복이 어디 있는지 볼 수 없어서 목말라하는 것이 아니라, 그가 행복을 갖지 못했다는 것을 알고 또 그것을 얻을 수 없다는 것으로 인해 목말라한다! 그에게는 평안이 없다. 어디에서 찾아야 할지 모르는 것을 갈망한다. 아, 만족스러운 평화와 안락만 가질 수 있다면 그가 내놓지 않을 것이 있겠는가! 이들이 바로 그리스도께서 부르시는 주리고 목마른 영혼들이다.

"오호라 너희 모든 목마른 자들아 물로 나아오라 돈 없는 자도 오라 너희는 와서 사 먹되 돈 없이, 값없이 와서 포도주와 젖을 사라 너희가 어찌하여 양식이 아닌 것을 위하여 은을 달아 주며 배부르게 하지 못할 것을 위하여 수고하느냐 내게 듣고 들을지어다 그리하면 너희가 좋은 것을 먹을 것이며 너희 자신들이 기름진 것으로 즐거움을 얻으리라"(사 55:1-2). "누구든지 목마르거든 내게로 와서 마시라"(요 7:37). "목마른 자도 올 것이요 또 원하는 자는 값없이 생명수를 받으라 하시더라"(계 22:17).

4. 그리스도 예수 안에는 완전한 만족과 자족의 공급이 있다

첫째, 그리스도의 탁월하심을 발견하는 자에게는 지극히 자족함과 영혼의 충족함이 있다.

영혼의 탐구는 가장 탁월한 것을 추구한다. 육신의 욕망에 찬 영혼은 땅의 것들이 우수하다고 생각한다. 어떤 이는 부요함이 덕이라 생각하고, 어떤 이는 영예가 최고의 가치라 하고, 또 어떤 이는 육신의 쾌락이 최고의 덕을 나타낸다고 한다. 그러나 영혼은 이중 어느 것에서도 자족을 찾지 못한다. 그러한 흡족함은 곧 한계를 맞기 때문이다.

세상적인 사람들은 그들이 추구하는 것들에 진정한 흡족함과 진정한 행복이 있다고 여긴다. 그리고 그것들을 얻기만 하면 행복하리라고 생각한다. 그러다가 그것을 얻고도 행복하지 않으면, 그들은 또 다른 것에서 행복을 찾으며 여전히 행복을 뒤쫓는다.

그러나 진정한 흡족함은 그리스도께 있다. 그 흡족함은 너무도 탁월하여서, 그것을 보러 온 자들은 더 이상 다른 곳을 바라보지 않는다. 그곳에서 마음이 안식을 얻고, 그분 안에서 초월적인 영광과 형언할 수 없는 감미로움을 발견한다. 지금까지 자신이 그림자를 쫓아왔음을 깨닫고, 행복의 실체를 발견한다. 냇가에서 찾고 있던 행복을 바다에서 발견하는 것이다. 그리스도의 탁월하심은 영혼 본성의 갈망에 마땅한 대상이며, 그 양을 채우기에 충분하다. 이는 마음의 욕망이 끝이 없듯, 그 한계를 찾을 수 없는 무한한 흡족함이다.

그리스도의 탁월하심에 그 마음이 친숙하면 친숙할수록 흡족함이 더욱 나타난다. 그 안에서 새로운 발견을 할 때마다 이 아름다움은 한이 없는 더욱 놀라운 아름다움으로 나타난다.

마음이 더 깊고 깊은 곳으로 헤엄쳐 내려가도 결코 바닥에 다다를 수 없는 충분한 흡족함이다. 이 아름다움을 처음 본 영혼은 지극한 기쁨을 경험하고, 결코 싫증내지 않는다.

마음에 있어 포만감이란 없다. 그러나 그리스도의 탁월하심은 언제나 생생하며 새롭고 천년만년이 지나도 여전히 처음 보았던 그 순간처럼 기쁨을 준다. 그리스도의 탁월하심은 사람의 우월한 능력들에 합한 대상이다. 사람의 이성과 이해력을 즐겁게 하기에 부족함이 없고, 그 이해력을 사용할 대상으로서 이보다 더 가치 있는 존재는 없다. 다른 어떤 것도 이보다 훌륭하고, 숭고하고, 존귀한 대상이 되지 못한다!

그리스도의 탁월하심은 이성을 가진 영혼에게 알맞은 양식이다. 그리스도께 나아오는 영혼은 그것을 먹고 그것으로 살아간다. 이는 하늘에서 내려온 살아 있는 떡이고, 그 떡을 먹는 자는 결코 사망하지 않는다. 이것은 대가 없이, 값없이 주신 포도주와 젖이다(요 6:51; 사 55:1). 믿는 영혼이 즐거워하는 바로 그 기름진 것이다. 그 안에서 갈망하는 영혼은 충족될 것이고 주린 영혼은 좋은 것으로 채워질 것이다. 그 안에서 발견하는 즐거움과 자족은 모든 지각에 뛰어나고, 형용할 수 없으며, 영광으로 가득하다. 이 원천을 맛보고 그 감미로움을 아는 사람들이 혹여 그것을 저버리기란 불가능하다. 생명수의 강을 찾은 영혼은 다른 어떤 마실 것도 원하지 않는다. 그곳에서 생명나무를 찾았기에 다른 어떤 열매도 원하지 않는다.

둘째, 그리스도 사랑의 현현은 영혼이 자족함으로 충만하게 한다

그리스도의 사랑은 지극히 감미로우며 만족스럽다. 이 사랑이 생명보다 나은 것은 참으로 존엄하시며 위대하신 위격의 사랑이기 때문이다. 그리스도 사랑의 감미로움은 그분의 위대한 탁월하심에 기인한다. 곧 사랑스러우면 사랑스러운 자일수록 그의 사랑은 더욱 매력적이다. 그렇다면 영원하신 하나님의 아들, 성부와 동일하게 존엄하신 그분의 사랑은 얼마나 감미롭겠는가! 세상의 창조주이시며, 만물이 그분에게서 말미암고, 하나님의 우편에 지극히 높으심을 받으시며, 하늘에서 통치자들과 권세들의 머리가 되시고, 만물을 그 발아래에 두시며, 만왕의 왕이요 만주의 주이시며, 하나님의 영광의 광채이신 그분이 사랑하시는 대상이 된다는 것이 얼마나 위대한 행복이겠는가! 실로 그분의 사랑을 받는다는 것은 흙속의 버러지 같은 영혼을 만족시키기에 충분하다(사 41:14).

그리스도의 이와 같은 사랑은 또한 그 위대함으로 인해 지극히 감미롭고 만족스럽다. 이는 최종적 사랑(a dying love)이다. 이러한 사랑은 그 어느 때에도 존재하지 않았으며, 어느 누구도 근접할 수 없는 사랑이다. 다윗과 요나단의 훌륭한 사랑과 같이, 세상 친구 간의 매우 대단한 사랑의 예들이 있지만, 그 사랑 가운데 그리스도의 신자들을 향한 사랑 같은 것은 없다. 그리스도의 사랑이 우리에게 만족을 주는 것은 또한 그 사랑의 감미로운 열매들로부터 온다. 그리스도께서 자기 백성에게 주시는 소중한 은택과 그들에게 주신 소중한 약속들이 이 사랑의 열매다. 기쁨과 소망은 그리스도의 사랑이라는 원천에서 끊임없이 흘러나오는 물줄기이다.

셋째, 하나님 아버지께로 나아가는 길이신 그리스도 안에 목마르고 갈급한 영혼을 충족시키고 자족시키는 공급함이 있다

그리스도의 위격이 지니신 충만한 흡족함과 은혜 때문만이 아니라, 그분으로 인해 우리가 하나님께 나아갈 수 있고, 그분과 화목할 수 있고, 그분의 은총과 사랑으로 행복해질 수 있기 때문이다.

영혼의 본질적 상태인 가난과 비참함은 하나님으로부터 분리된 데에서 온다. 왜냐하면 피조물의 부요함과 행복의 본체는 하나님이시기 때문이다. 그러나 우리는 본성적으로 하나님께로부터 떠나 있고, 하나님도 우리에게서 멀리 계신다. 우리의 창조주가 우리와 화목하지 않으신 것이다. 그러나 그리스도 안에 하나님과 우리가 자유롭게 소통할 수 있는 길이 있다. 우리가 하나님께 나아가고, 하나님께서 그분의 영으로 우리와 소통하시는 길이다.

"예수께서 이르시되 내가 곧 길이요 진리요 생명이니 나로 말미암지 않고는 아버지께로 올 자가 없느니라"(요 14:6). "이제는 전에 멀리 있던 너희가 그리스도 예수 안에서 그리스도

의 피로 가까워졌느니라…이는 그로 말미암아 우리 둘이 한 성령 안에서 아버지께 나아감을 얻게 하려 하심이라 그러므로 이제부터 너희는 외인도 아니요 나그네도 아니요 오직 성도들과 동일한 시민이요 하나님의 권속이라"(엡 2:13, 18-19).

아버지께 이르는 길이신 그리스도는 참 행복과 자족의 길이시다. "내가 문이니 누구든지 나로 말미암아 들어가면 구원을 받고 또는 들어가며 나오며 꼴을 얻으리라"(요 10:9). 그러므로 궁핍하고 목마른 영혼들에게 예수께로 나오라고 나는 외치겠다! "명절 끝날 곧 큰 날에 예수께서 서서 외쳐 이르시되 누구든지 목마르거든 내게로 와서 마시라"(요 7:37).

아직도 그리스도께 나아오지 않은 당신은 가난하고 궁핍한 상태에 있다. 당신은 메마른 광야, 마르고 가물은 땅에 있다. 만약 당신이 완전히 잠에서 깨어난 자라면, 지금 곤경에 처해 있다는 사실과 당신의 영혼을 만족시킬 것이 없다는 사실에 기절할 지경일 것이다. "마른 땅에 냇물 같은 분", 그분께 나아오라. 그분 안에는 풍성함과 충만함이 있다. 그분은 언제나 흐르는 강과 같아서, 영원토록 그 옆에 사는 자는 결코 궁핍하지 않을 것이다. 당신 영혼에 흡족한 자족을 주시기에 충분히 탁월하신 그분께 나아오라. 초월적인 영광과 형용할 수 없는 아름다움을 지니신 분, 지침도 지나치게 과함도 없이 영원히 당신의 영혼이 즐거워할 그곳으로 오라. 하나님의 독생자이시며, 그의 택하신 자들을 기뻐하시는 분의 사랑을 믿으라(사 42:1). 그리스도를 통해, 당신이 죄지음으로 떠난 하나님 아버지께 나아오라. 그리스도는 곧 길이요 진리요 생명이시다! 그리스도는 누구든지 그로 말미암아 들어가면 구원을 받는 문이시다(요 10:9).

가장 갖기 힘든
그리스도인의 덕목, 자족

윌리엄 에임스 (1576-1633)

ONE OF THE MOST DIFFICULT OF CHRISTIAN VIRTUES TO OBTAIN

1. 자족은 하나님께서 주신 형편에 대해 마음으로 묵묵히 동의하는 것이다(딤전 6:6; 히 13:5; 빌 4:11).

2. 십계명이 보여 주듯, 자족은 제10계명(네 이웃의 집을 탐내지 말라)에서 명하는 것이다. 자족이라는 계율을 모든 순종의 근원인 의로움의 내적이고 본질적인 성결함에 적용하는 것은 결코 적절하지 않다. 왜냐하면 이 성결함은 어느 특정 계명만이 아닌 모든 계명에 해당하기 때문이다. 그리고 자족을 명하는 제10계명이, 십계명의 두 돌판 중 두 번째 돌판에 새겨진 내용이라고 해서, 첫 번째 돌판(제1-4계명)보다 두 번째 돌판(제5-10계명)에 속한 내용이라고 할 수도 없다.

3. 십계명의 두 번째 돌판에 포함되어 있는 모든 덕목 중에 자족보다 더 내면적이거나 생동하는 의로움과 밀접한 것은 없다. 이를테면, 자족은 우리로 의에 대해 묵상하게 하고, 그 의를 구하도록 인도한다. 그러므로 성결한 의로움은 자족 안에서 알맞게 다루어진다.

4. 나의 이웃이 번영하는 것을 보고, 마치 내가 그렇듯 기뻐하는 것은 자족의 한 면모이다(롬 12:15).

5. 이웃을 향한 사랑의 절정과 완벽함은 자족과 기쁨에 있다. 그러므로 자족은 경건과 경건한 사람의 완성이다. 자족하는 마음에(*met' autarkeias*, 헬라어로 '자족이 있으면' 또는 '자족의 완성을 이루는 것이 있으면'이라는 뜻이다) 경건은 큰 유익이 된다(딤전 6:6).

6. 그러므로 마지막 제10계명은 덜 완벽한 것에서 더 완벽한 순, 더 알려진 것에서 덜 알려진 순의 마지막에 있다.

7. 왜냐하면 제10계명은 우리에게 가장 완벽한 의무이지만, 동시에 본성적으로 우리가 가장 잘 알지 못하는 계명이기 때문이다. 우리가 무엇을 생각하고 행하든 이는 이웃의 잘됨에 부합해야 한다.

8. 본질적으로 자족은 이웃에 대한 의무 중 첫째이고 다른 모든 의무의 토대이지만, 타락한 사람에게서 말째로 나타나는 변화이기 때문에 십계명의 맨 마지막에 위치한다.

9. 탐심은 자족의 반대이다(히 13:5).

10. 탐심은 정당한 것을 바라고 구하는 힘과 능력을 의미하지 않는다. 또한 자연적인 능력의 행위나 자연적인 합법 활동, (어느 특정 규율이 아닌 율법 전체가 책망하는) 우리의 타락한 본성의 모든 성향, (대체로 십계명의 첫 번째 돌판에서 금지하는) 과도한 원초적 정욕들, (다른 계명들에서 금지하는 고의적인 의도와 목적을 둔 욕정들로서) 이웃을 해치기 쉬운 정욕들을 의미하지도 않는다. 탐심은 이웃이 가진 좋은 것들에 대해 마음으로 동경하도록 부추기고 흥분시키는 욕망을 가리킨다. 꼭 법을 어겨서라도 내가 그것을 가져야겠다고 마음먹는 단계가 아닐지라도 말이다(왕상 21:2; 막 10:19).

11. 이러한 원초적인 불의한 동기들과 그 동기들의 근원인 타락 사이에는 밀접하고 긴밀한 관계가 있다. 많은 이들이 이 두 가지를 혼동하는 경우가 있기 때문에, 이어서 언급하는 것들을 고려해야 할 것이다. 첫째, 원죄는 타고나는 성향(기질)이다. 말하자면 우리 삶에 끊임없이, 이 땅에 사는 동안 우리와 동행한다. 그리고 불의한 동기들은 우리의 타락한 본성을 나타내는 일시적 모습들이다. 둘째, 제10계명에서 금하는 죄의 형태는 분명히 이웃에게 영향을 미치는 것으로만 제한되어 있지만, 우리 안의 죄는 모든 악랄한 행위의 원칙과 다를 것이 없다.

12. 사도 바울도 로마서 7장에서 이 계명을 죄의 활동의 비유를 들어 묘사함으로써 알기 쉽게 설명한다. 7절의 탐심은 5절이 말하는 죄의 정욕과 동일한 것으로, 8절의 죄로 인한 탐심과도 동일하다. 그러나 17절의 "내 속에 거하는 죄"와는 반드시 구분되어야 한다.

13. 바리새인들이(사도 바울도 속해 있던) 탐심의 첫 번째 동기를 죄로 인정하지 않은 것은 놀랄 일이 아니다. 그들의 사촌격인 교황주의자들(역자주: 가톨릭 신자들)도 이를 완고하게 거부한다.

14. 탐심에 대한 십계명의 마지막 계명을 두 부분, 곧 집을 탐하는 것, 그리고 아내와 그 밖의 소유를 탐하는 것으로 나누어서 생각하는 사람은 탐심에 대한 모든 근거를 저버린 것이다. 첫 번째 돌판의 제2계명을 버려버렸거나, 십계명의 10이라는 숫자를 유지하기 위한 제1계명의 불필요한 부록쯤으로 간주해버린 것이다. 더 정확히 말해서, 그렇게 생각하는 다수에게서 확연히 드러나듯이 자기 자신과 자기 미신들이 제2계명과 관계가 없다고 말하기 위해, 제2계명의 효력을 모호하게 만들고 제10계명을 따로 찢어 놓는다. 하지만 신명기 5장 21절에서 반복하여 기록된 율법에 따르면, 이웃의 집을 탐하는 것 앞에 아내를 탐하는 것이 명시되어 있다. 그래서 무엇이 아홉 번째 계명이고 무엇이 열 번째 계명인지에 대해 그들에

게는 선택권이 없다. 그들은 제9계명과 제10계명을 항상 합쳐서 설명하거나 혼동하기 때문에, 이 두 가지 종류의 탐심을 함께 묶어서 이야기하는 것이 명백히 잘못되었음을 설명하지 못한다. 마지막으로, "너는 탐내지 말지니라"는 한 가지 행위를 금하고, "무엇이든 이웃에게 속한 것"이라는 공통적인 한 대상을 둠으로써, 십계명의 내용 전체가 이는 하나의 계명이라는 것을 숨김없이 보여 준다.

15. 우리 자신을 지나치게 사랑하는 것은 탐심의 원인이다.

16. 자기애(*philaoutia*)는 자기사랑이라 불리는 죄(딤후 3:2) 이외의 모든 죄의 기원이자 근원이며, 이웃뿐 아니라 하나님을 대적하는 죄이다(딤후 3:4).

17. 요한은 탐심을 육신의 탐욕(음식과 정욕에 관한 것), 안목의 탐욕(외적인 기쁨과 이익에 관한 것), 이생의 자랑(세상의 영예와 화려함에 관한 것)으로 나눈다(요일 2:16).

18. 시기 혹은 악한 눈은 이웃의 번영을 기뻐하고 즐거워하는 것과 반대된다(마 20:15). 마찬가지로 이웃의 불행을 기뻐하는 것(*epikairekakia*)도 자족과 반대된다(시 70:3-4; 욥 12).

19. 완벽한 의로움을 명하는 마지막 계명은 두 번째 돌판 전체의 핵심이라 볼 수 있다. 마치 첫 번째 돌판에서 제1계명이 경건의 모든 부분을 명하는 계명인 것과 같다. 첫 번째 돌판의 제1계명이 첫째 되는 대계명, "네 마음을 다하여 주 너의 하나님을 사랑하라"를 포함하듯, 동일한 방법으로 둘째 대계명, "네 이웃을 네 자신 같이 사랑하라"는 두 번째 돌판의 마지막 계명에 담겨 있다.

20. 하나하나 빛을 발하는 십계명의 완벽함은 이 생애에서 은혜를 입은 신실한 자들조차도 완벽하고 정확한 율법 준수가 불가능하다는 것을 보여 준다. 누군가 잘 말했듯이, 우리 순종의 규칙과 잣대는 "너는 마음을 다하여 사랑하라"는 긍정과 "탐내지 말라"는 부정에 있다. 그러나 둘 다 이 땅에서는

불가능하다. 따라서 필연적으로 아무도 율법을 틀림없이 지킬
수 없다.

21. 이 땅에서 "우리는 부분적으로 알고"(고전 13:9), 그러므
로 부분적으로 행한다. 우리는 성령의 처음 익은 열매만을 받
기 때문에(롬 8:23), 신령한 율법을 온전하고 정확하게 지킬 수
없다(롬 7:14). 우리는 성령을 거스르는 육체의 소욕을 지니고
있기 때문에(갈 5:17), 우리의 순종에는 항상 곁길로 향하게 하
는 탐심의 유혹이 있다. 마지막으로, 우리는 온전히 이루지 못
하고(빌 3:12), 완벽하게 순종할 수 없다. 우리는 언제나 "우리
의 죄를 사하여 주옵시고"라는 간구를 마음과 입술에 담고 있
어야 한다.

22. 그리스도의 멍에가 쉽고 그의 짐이 가볍다는 것은 옳
고 진리이다(마 11:30). 그분의 계명들은 무거운 것이 아니다
(요일 5:3). 그리스도의 멍에는 이렇다. 첫째, 율법을 즐거워하
는 충성된 자들은 실제로 율법을 지키지만(롬 7:22; 시 119:14,

16), 그들이 지켜야 하는 대로 지키지는 않는다. 그들에게 달라붙는 불완전함은 여전히 비통할 일이고 고민스럽지만 이런 식으로나마 율법을 준수하는 것도 영혼에 안식을 가져다준다(마 11:29). 둘째, 멍에는 육신이 아닌 영과 관련된 것으로 여겨진다(마 26:41). 셋째, 모든 죄 사함과 우리 노력에 달라붙는 불완전함의 사함과 연합된다. 넷째, 가볍고, 사람을 죽이는 법조문에 비하면 극심하지 않다. 다섯째, 불완전하게나마 시작된 순종에 대해 하나님께서 정하신 상급의 준비이다. 그런 면에서 모든 환난은 가볍게 여겨진다(고후 4:17). 하나님 율법의 쉬움과 가벼움은 우리 힘에 비례하는 것이 아니다. 이는 우리 주 예수 그리스도의 은혜와 하나님의 사랑으로부터 오며, 하나님의 율법을 사랑하는 모든 자와 함께하는 성령의 선물로부터 기인한다. 아멘.

그리스도인의 참된 행복의 비결 시리즈 01

자족 vs 불만족

초판 1쇄 발행 | 2016년 9월 20일

지은이 | J. R. 밀러, 토마스 보스톤, 윌리엄 플루머, 제러마이어 버로스, 토마스 제이콤,
　　　　조나단 에드워즈, 윌리엄 에임스, J. C. 라일
옮긴이 | 이하은
펴낸이 | 김영욱
발행처 | TnD북스

출판신고 제315-2013-000032호(2013. 5. 14)
서울특별시 강서구 수명로2길 105, 518-503
대표번호 (02)2667-8290
홈페이지 www.tndbooks.com
이메일 tndbooks@naver.com

ISBN 979-11-950475-6-7 04230
ISBN 979-11-950475-5-0 (세트)
ⓒ TnD북스